ZIELGRUPPE KIND

Handlungsspielräume eröffnen –
Abhängigkeiten vermeiden

von

Daniela Bickler

Tectum Verlag
Marburg 2002

Die Deutsche Bibliothek - CIP-Einheitsaufnahme

Bickler, Daniela:
Zielgruppe Kind.
Handlungsspielräume eröffnen - Abhängigkeiten vermeiden.
/ von Daniela Bickler
- Marburg : Tectum Verlag, 2002
ISBN 978-3-8288-8411-3

© Tectum Verlag

Tectum Verlag
Marburg 2002

Vorwort

Bei der vorliegenden Arbeit handelt es sich um die überarbeiteten Fassung einer im Jahre 1999 an der Universität Trier/ Fachbereich Pädagogik angenommen Diplomarbeit mit dem Titel „Der Einfluss von Markt und Medien auf die Stellung der Kinder".

An dieser Stelle möchte ich die Gelegenheit ergreifen, um mich für die Unterstützung, die ich von vielen Seiten erfahren habe, zu bedanken.

In erster Linie gilt mein Dank meinen Eltern, die mir die Fertigstellung dieser Arbeit ermöglichten und mir jederzeit zur Seite standen. Auch meinem Erstbetreuer Prof. Dr. Michael-Sebastian Honig und Dr. Magdalena Joos, die immer ein offenes Ohr für meine Anliegen hatten und mir in zahlreichen Diskussionen mit ihren Anregungen und Einwänden neue Blickwinkel – auch hinsichtlich meines weiteren wissenschaftlichen Werdegangs – eröffneten, möchte ich herzlich danken.

Besondere Dankbarkeit gilt meinem Lebensgefährten Andreas Ceder und meinen Freunden Ulrike Amany und Heidi Heinen, die mich auf unterschiedlichste Art und Weise unterstützen und mir viele Wege ebneten.

Karlsruhe, im April 2002   Daniela Bickler

Inhalt

Vorwort 3
Inhalt 4
Einleitung 7

I. THEORETISCHER BEZUGSRAHMEN 11
1. Wissen aus konstruktivistischer Perspektive 11
1.1 Alltagswissen und wissenschaftliches Wissen 14
1.2 Wissen, Konstruktion von Wirklichkeit und soziale Repräsentation 17
2. Kindheit als soziale Konstruktion 19
2.1 Bilder vom Kind 21
2.2 Die Rolle der Kinder 24
2.3 Die Stellung der Kinder 26
2.3.1 Die Erwerbbarkeit eines sozialen Status 27
2.3.2 Der heutige Status der Kinder 27
2.4 Theorieentwurf: Der Prozess, der zu einer Festsetzung der Stellung der Kinder führt 29
2.5 Fazit 35

II. BEGRIFFLICHKEITEN UND BEFUNDE AUS DER KINDHEITSFORSCHUNG 37
3. Überblick 37
4. Der Begriff der Kinderkultur 40
4.1 Kultur für Kinder 40
4.2 Kultur der Kinder 41
5. Forschung aus der Perspektive des Kindes 43
5.1 Die kindliche Eigenwelt 46
5.2 Das Kind als Fremder 47
5.3 Die Auswirkungen der Sichtweise vom Kind als Fremden auf die Bilder vom Kind 51

5.4	Fazit	53
III.	DER EINFLUSS VON MARKT UND MEDIEN AUF DIE KONSTRUKTION VON KINDHEIT	57
6.	Kinder: Eine Zielgruppe entsteht	57
6.1	Strukturmerkmale des Kinderwerbemarkts	61
6.1.1	Zielgruppendualität	61
6.1.2	Der Kinderwerbemarkt als Dreifachmarkt	68
6.2	Fazit	70
7.	Separation und Partizipation	71
7.1	Medien als Möglichkeit der Teilhabe	72
7.1.1	Medien als neues kognitives Wissen	72
7.1.2	Die Bedeutung der Medieninhalte	73
7.1.2.1	Kinderprogramm versus Erwachsenenprogramm	73
7.1.2.2	Medien als Kompetenzvermittler	76
7.1.2.3	Pädagogisches versus ökonomisches Interesse	77
7.1.3	Neue Teilhabemöglichkeiten durch den Markt	79
7.1.4	Fazit	80
7.2	Markt und Medien als Abgrenzungsmöglichkeiten für Kinder	81
7.2.1	Die Bedeutung der Gleichaltrigengruppe	81
7.2.2	Abgrenzungsmöglichkeiten durch Markt und Medien	83
7.2.2.1	Kinder nutzen Medien anders als Erwachsene (denken)	83
7.2.2.2	Markt und Medien gehen auf die andersartigen Nutzungsweisen von Kindern ein	86
7.2.3	Eine neue Art der Kultur entsteht: Die Kultur der Kinder in Wechselwirkung mit Markt und Medien	88
7.2.3.1	Markt und Medien als Verbündete des Autonomieprojekts der Kinder	89
7.2.3.2	Wechselwirkung zwischen der Kultur der Kinder und dem Markt	90
7.3	Die Anwendung des Theorieentwurfes: Der wechselseitige Einfluss des Marktes/der Medien und der Stellung der Kinder	92
7.4	Fazit	95

8.	Eigenständigkeit und Instrumentalisierung	97
8.1	Kinder als eigenständige Zielgruppe	97
8.1.1	Kinder – eine ernstgenommene Zielgruppe?	98
8.2	Wie Kinder in Marketingstrategien instrumentalisiert werden	102
8.2.1	Die Nutzung der entwicklungspsychologischen Besonderheiten am Beispiel Merchandising	102
8.2.2	Aus der Perspektive des Kindes: Kindheitsforschung und Marktforschung im Vergleich	104
8.2.2.1	Forschung aus der Perspektive des Kindes: Kindheitsforschung	105
8.2.2.2	Forschung aus der Perspektive der Kinder: Marktforschung	108
8.2.2.3	Zusammenfassung und Konsequenzen für die Übernahme einer Perspektive des Kindes	113
8.2	Die Bilder von Medien und Markt im Vergleich mit dem der neueren Kindheitsforschung	115
8.4	Fazit	118
9.	Zusammenfassung der Ergebnisse	120
9.2	Der Einfluss von Markt und Medien auf die Stellung der Kinder	121
9.2	Die Sichtweise von Markt und Medien im Vergleich mit der Kindheitsforschung	123
9.3	Konsequenzen für eine pädagogische Praxis	124
10.	Ausblick	126
	Literaturverzeichnis	127

Einleitung

Obwohl Medien von Kulturpessimisten oft kritisiert und das Verschwinden der Kindheit prophezeit wurde (POSTMAN 1987, HENGST 1981), ohne Medien ist ein Leben in unserer Gesellschaft und auch eine Kindheit in dieser kaum mehr vorstellbar.

Eng mit der Ausbreitung der neuen Medien in unserer Gesellschaft sind auch die Bemühungen des Marktes, Kinder als Zielgruppe zu gewinnen, verbunden. Durch Phänomene wie das Medienverbundsystem und Merchandising, die vor allem in bezug auf Kinder eine große Rolle spielen, können die beiden Bereiche Markt und Medien kaum noch voneinander getrennt betrachtet werden. Auch wenn Erwachsene Kinder manchmal am liebsten von Medien fernhalten und sie vor den konsumorientierten Wünschen, die der Markt ihnen offeriert, schützen möchten: Die moderne Kindheit ist zu einer Medien- und Konsumkindheit geworden, in der Kinder Qualifikationen im Umgang mit den Medien und mit dem Markt erwerben müssen. Markt und Medien haben aber nicht nur eine Bedeutung für das fernsehschauende Kind, sondern auch hinsichtlich des Lebens der Kinder in der Gesellschaft.

Fragestellung und Vorgehensweise

Wovon hängt das Leben der Kinder innerhalb einer Gesellschaft ab und welche Rolle spielen die theoretischen Überlegungen der neueren Kindheitsforschung und speziell die Bereiche Markt und Medien?

Dieser übergeordneten Fragestellung möchte ich mit Hilfe einer Sekundäranalyse und der Verknüpfung verschiedener Konzepte aus den Bereichen der Wissenssoziologie, der Psychologie des Sozialen und der neueren Kindheitsforschung mit dem Gebiet Markt und Medien nachgehen. In Anlehnung an die Thesen der neueren Wissenssoziologie und der sozialen

Repräsentation gehe ich dabei davon aus, dass Gesellschaften Wirklichkeiten konstruieren und auf der Basis von Bildern handeln. Diese Bilder sind, wie ich im weiteren Verlauf zeigen werde, von dem jeweiligen Wissen der Gesellschaft abhängig und können durch das Hinzukommen von neuem Wissen verändert werden.

Teil I. der Arbeit dient der Schaffung eines theoretischen Bezugsrahmens. Im ersten Kapitel werden die Begrifflichkeiten aus der Wissenssoziologie und der Psychologie des Sozialen geklärt und eine Verbindung zwischen den Begriffen soziale Repräsentation und Wissen hergestellt werden. Das zweite Kapitel bezieht sich speziell auf den Einfluss, den das Wissen über Kinder in einer Gesellschaft auf deren Leben hat.

Im zweiten Teil werden einige Begrifflichkeiten und Befunde der neueren Kindheitsforschung veranschaulicht. Da nicht alle Befunde der Kindheitsforschung mit dem Bereich Medien/Markt verglichen werden können, möchte ich hier zwei Aspekte exemplarisch aufgreifen, um die Überlegungen der neuen Kindheitsforschung zu verdeutlichen. Als Beispiel dient einerseits ein eher methodologischer Aspekt – und zwar die Forderung der Kindheitsforschung, aus der Perspektive des Kindes forschen zu wollen – und andererseits der Begriff der Kinderkultur.

Dem Einfluss von Markt und Medien auf die Konstruktion von Kindheit ist der dritte Teil der Arbeit gewidmet. Hier werden die im Vorfeld angesprochenen theoretischen Konzepte mit dem Bereich Markt und Medien verknüpft. Im Vordergrund stehen die scheinbaren Gegensätze Partizipation und Separation sowie Eigenständigkeit und Instrumentalisierung.

Im ersten Schwerpunkt kläre ich am Beispiel *Separation und Partizipation*, wie sich das Leben der Kinder innerhalb einer Gesellschaft durch neues Wissen aus dem Medienbereich konkret verändert. Die neuen Medien werden an dieser Stelle zunächst als technologische Entdeckungen, also als neues kognitives Wissen gesehen, das Kindern neue Teilhabemöglichkeiten an der Gesellschaft eröffnet. Da die Gruppe der Kinder mit diesen neuen

Formen der Partizipation und dem durch die Medien vermitteltem Wissen oft ganz anders als Erwachsene umgehen und die medial vermittelten Inhalte anders bewerten, erhalten sie außerdem Möglichkeiten die kindliche Eigenwelt stärker als bisher von der Erwachsenenwelt abzugrenzen.

Im zweiten Schwerpunkt vergleiche ich am Beispiel *Eigenständigkeit und Instrumentalisierung* einige Forderungen und Erkenntnisse der neueren Kindheitsforschung mit dem Bereich Markt/Medien. Im Vordergrund steht dabei die Frage nach Parallelen und Unterschieden in den Bildern vom Kind in der Kindheitsforschung und in denen von Markt und Medien. Medien werden hier nicht mehr ausschließlich als neue Technologien bzw. als Übermittler von Wissen betrachtet, sondern als ein System, das gezielt Bilder schafft und somit Wirklichkeit konstruiert.

An dieser Stelle gehe ich von der These aus, dass Markt und Medien selbständige Kinder, die in Eigenverantwortung handeln und die bei (Kauf)-Entscheidungen ein Mitspracherecht besitzen, benötigen, um in ihnen überhaupt eine Zielgruppe zu haben.

Ihr Ziel besteht jedoch darin, Kinder bzw. Erwachsene – durch diese motiviert – zum Geld ausgeben zu verleiten. Hierbei werden die entwicklungspsychologischen Besonderheiten der Kinder gezielt dazu benutzen, diese im Sinne von Medien und Markt zu instrumentalisieren.

Medien und Markt gehen also nach meiner Ansicht von einem Bild des Kindes aus, das mit dem der neueren Kindheitsforschung konform geht. Allerdings wird durch die gegensätzlichen Zielsetzungen ein weiteres Bild vom Kind deutlich, das genau im Gegensatz zu den Forderungen der neueren Kindheitsforschung steht.

Auf der Basis dieser Analysen erfolgt in den Schlusskapiteln eine Zusammenfassung der Ergebnisse meiner Untersuchung und ein Ausblick auf ihre mögliche Weiterverwendung.

I. Theoretischer Bezugsrahmen

1. Wissen aus konstruktivistischer Perspektive

> „Jedes Verständnis der Welt und des Menschen, jeder bedeutungsvolle Gedanke und jedes Handeln beruhen auf Wissen." (von CRANACH 1995: 22)

1966 forderten Peter BERGER und Thomas LUCKMANN in ihrer Publikation „The Social Construction of Reality", „ (...) dass die Wissenssoziologie sich mit allem zu beschäftigen habe, was in einer Gesellschaft als ‚Wissen' gilt, ohne Ansehen seiner absoluten Gültigkeit oder Ungültigkeit" (BERGER/ LUCKMANN 1998: 3). Nach Ansicht der beiden Wissenschaftler „(...) muss die Wissenssoziologie zu ergründen versuchen, wie es vor sich geht, dass gesellschaftlich entwickeltes, vermitteltes und bewahrtes Wissen für den Mann auf der Straße zu außer Frage stehender ‚Wirklichkeit' gerinnt". (3) *Der* Wissenssoziologie obliegt demnach die Aufgabe, die gesellschaftliche Konstruktion der Wirklichkeit zu analysieren. Eine Rechtfertigung dieser Forderung sehen die beiden in der gesellschaftlichen Relativität.

> „(...) was für einen tibetanischen Mönch ‚wirklich' ist, braucht für einen amerikanischen Geschäftsmann nicht ‚wirklich' zu sein. Das ‚Wissen' eines Kriminellen ist anders als das eines Kriminologen. Daraus folgt, dass offenbar spezifische Konglomerate von ‚Wirklichkeit' und ‚Wissen' zu spezifischen gesellschaftlichen Gebilden gehören und dass diese Zugehörigkeit bei der soziologischen Analyse dieser Gebilde entsprechend berücksichtigt werden muss" (3).

Wenn man Wissen unter einer konstruktivistischen Perspektive betrachtet, wird nicht mehr danach gefragt, inwieweit Wissen mehr oder weniger verzerrt Realität abbildet. Vielmehr stehen die Grundlagen für die Deutung des Wissens, also die sozialen, kulturellen und historisch bedingten Aufnahmeprozesse im Mittelpunkt (DEWE 1991; FLICK 1996).

Auf der Basis der neueren Wissenssoziologie und des Konzeptes der sozialen Repräsentation wird Wissen in dieser Arbeit als sozial konstruiertes Wissen verstanden.

Der Begriff Wissen meint hier nicht nur eine bloße Anhäufung von Informationen, es wird vor allem die innere Struktur von Wissen betont. „Wissen wird als Ergebnis und Gegenstand von *interaktiven Prozessen* und als kognitiver Wissensbestand zugleich verstanden und untersucht" (FLICK 1995a: 13; Hervorh. im Original). Das bedeutet, dass nicht nur die Inhalte des Wissens (also was gewusst wird), sondern vor allem die Bedeutung, die diesem Wissen zugewiesen wird (also wie etwas gewusst wird) eine wesentliche Rolle spielt (FLICK 1995: 58).

Kognitives Wissen hat nicht immer die gleiche Bedeutung. Wie ich etwas weiß hängt immer von den sozialen Zusammenhängen ab, in denen mir dieses Wissen zugeführt wird. Wissen wird nie unvoreingenommen aufgenommen, vielmehr wird „(...) jede Form des Wissens durch Prozesse der Selektion und Strukturierung konstruiert" (FLICK 1996: 19). Die Inhalte des Wissens werden also ausschließlich auf der Basis des sozialen Kontextes übernommen, sie werden durch eine Brille betrachtet, gefiltert und interpretiert und erhalten so ihre individuelle Bedeutung.

Um über die Konstruktion subjektiver und sozial geteilter Bedeutungen Aufschlüsse zu erhalten, fordert FLICK u.a., dass „(...) der soziale Kontext, in dem Wissen erworben und verwendet wird, angemessen berücksichtigt und das Wissen damit nicht auf die Privatsache des Subjekts reduziert wird" (1995: 59).

Für diese Sichtweise von Wissen sind zwei Punkte wesentlich:

1) Wissen wird nie losgelöst von Vorerfahrungen aufgenommen, sondern ist immer von der sozialen Gruppe abhängig, in der das jeweilige Wissen aufgenommen wird.

Laut MOSCOVICI muss man sich

> „(...) gerechterweise damit abfinden, dass fast alles, was eine Person weiß, von anderen Menschen gelernt wurde: durch Berichte, durch den Spracherwerb, nicht zuletzt durch den Gebrauch bestimmter Gegenstände. Das Wissen knüpft zumeist an früheres Wissen an, das in der Lebensweise und in den kollektiven Handlungen wurzelt und auf das man allenthalben stößt. Die Menschen haben immer von anderen Menschen gelernt, und sie haben gewusst, dass sie es taten" (1995: 275).

Bereits von anderen vorinterpretiertes und strukturiertes Wissen bildet demnach die Grundlage dessen was ein Mensch weiß. So ist etwa für die Untersuchung sozialer Repräsentationen die Annahme leitend, dass sich soziale Gruppen gerade über das von ihren Mitgliedern geteilte Alltagswissen bzw. die geteilten Vorstellungen hinsichtlich eines bestimmten Gegenstandes konstituieren (FLICK 1995: 57). Ein Beleg hierfür ist sicherlich MOSCOVICIS Untersuchung zur Wahrnehmung der Psychoanalyse (1961). Als Ergebnis zeigte sich, dass die Übernahme der Theorie gruppenspezifisch erfolgte und je nach sozialem Kontext eine unterschiedliche Aufnahme in der Presse fand (FLICK 1995a: 16).

2) Wissen entwickelt sich immer auf der Grundlage von bereits vorhandenem und sozial interpretativ aufgenommenem Wissen.

Nach MOSCOVICI (1995: 272-273) wird eine Gesellschaft nicht allein durch ihre Wissensbestände und Techniken charakterisiert, sondern vor allem durch Überzeugungen, Symbole und Rituale, also Meinungen, die verschiedene Dinge wie das Leben in der Gesellschaft, Handlungsziele, ethische Grundsätze usw. betreffen und die sich auf das Verhalten, die Empfindungsweisen und den Güteraustausch auswirken.

> Erst „(...) wenn Wissensbestände und Techniken den Charakter des Glaubens annehmen, binden sie die Menschen aneinander und werden zu einer Kraft, durch die passive Gesellschaftsmitglieder zu aktiven Mitgliedern werden. (...)

> Gesellschaften würden abdriften, wenn es also das Ensemble an Ideen und Werten nicht gäbe, an die sie glauben, durch die sich ihre Leidenschaften vereinheitlichen und die sie von Generation zu Generation weitervermitteln. (...) Was Gesellschaften von sich halten, die Bedeutungen, die sie ihren Institutionen zuschreiben, und die Bilder, die sie von sich machen, sind notwendigerweise Bestandteil der gesellschaftlichen Realität und nicht bloße Widerspiegelung" (MOSCOVICI 1995: 273).

Am Beispiel der Rolle des Kindes, skizziert LÜSCHER (1975) die stufenweise Entwicklung von Wissen und zwar in bezug auf die Steigerung des inhaltlichen Wissens über Kinder, der Bedeutung, die dieses Wissen erhält und der Auswirkungen, die dies auf die Rolle des Kindes hat. LÜSCHER geht davon aus, dass sich eine spezifische Rolle des Kindes in Abhängigkeit des Wissens über Sozialisation herausgebildet hat.

Die Grundlage für eine Entwicklung innerhalb einer Gesellschaft bilden die zunächst vorherrschenden sozialen Repräsentationen, die durch den Glauben, die Überzeugungen, die Meinungen etc., die diese Gesellschaft angenommen hat, geschaffen werden. LÜSCHER bezeichnet dies als ‚ideologisches' Wissen. Als sich im Christentum der Glaube, dass das Leben von Gott geschenkt sei, und damit der Grundsatz der Unverletzbarkeit des Lebens durchsetzte, hatte dies Auswirkung auf die Rolle des Kindes, dessen Tötung bis dahin toleriert wurde. Neue medizinische Erkenntnisse kommen nun auch Kindern zugute und führen so zu einem Rückgang der Säuglingssterblichkeit.

Welches kognitive Wissen sich in einer Gesellschaft entwickelt, ob bzw. wie dieses Wissen in eine Gesellschaft aufgenommen wird und welche Bedeutung es erhält, hängt von den vorhandenen Wissensbeständen und den bestehenden Glaubensinhalten, und somit von den sozialen Repräsentationen, die eine Gesellschaft von sich selbst macht, ab.

1.1 Alltagswissen und wissenschaftliches Wissen

Nach der Definition von FLICK handelt es sich bei dem Begriff Alltagswissen um

„(...) weniger explizite und klar definierte Wissensbestände, die beim Individuum in bestimmten sozialen Kontexten (Gruppen, Berufsgruppen, lokale, kulturelle, auch nationale Kontexte) rekonstruierbar sind. (...) Sie sind begründet auf archaischen Wissensformen des Common Sense, die jedoch mehr und mehr ersetzt und ergänzt werden durch wissenschaftliche Wissensbestände, wenn auch keineswegs vollständig. Es handelt sich nicht um Laienwissen, da auch Wissenschaftler und Experten, diese Wissensbestände als Basis und Ergänzung ihres expliziten Spezialwissens benötigen und – v.a. bei dessen praktisch-professioneller Anwendung – verwenden. Schließlich ist Alltagswissen das Medium der Organisation von Alltagserfahrungen der Individuen und sozialen Gruppen und darüber ein Medium der sozialen Konstruktion von der Wirklichkeit" (1995: 72; 1996: 112).

Alltagswissen und wissenschaftliches Wissen stehen hiernach immer in Wechselwirkung. Nach meiner Meinung sind dafür vor allem zwei Gründe ausschlaggebend:

1) Wissenschaftliches Wissen entsteht auf der Basis von Alltagswissen

In Anlehnung an die Erkenntnistheorie von Ludwik Fleck betont FLICK (1995: 55) die Bedeutung sogenannter Präideen. Sie sind die Basis für wissenschaftliche Fragestellungen sowie theoretische Begriffe und resultieren aus dem eigenen Alltagswissen des Wissenschaftlers oder dem seiner Zeitgenossen, so dass nicht nur Fachwissen, sondern auch andere Wissensbestände, wie beispielsweise bestimmte ethische Einstellungen, in den Erkenntnisprozess eingeflochten werden. Aus diesem Grunde werden wissenschaftliche Erkenntnisse vom jeweiligen historischen und sozialen Kontext mitbestimmt, „ (...) der beeinflusst, was erkannt werden kann und vor allem auch, wann dies möglich ist"(55).

2) Die Aufnahme von wissenschaftlichem Wissen in das Alltagswissen

Wie wissenschaftliches Wissen aufgenommen wird und ob dies überhaupt geschieht, ist vom Alltagswissen der betreffenden Gruppe abhängig.

Zunächst einmal hat Alltagswissen einen Einfluss darauf, ob wissenschaftliches Wissen überhaupt in eine soziale Gruppe übernommen wird. LÜSCHER (1975) erläutert, dass für die Aufnahme von wissenschaftlichem Wissen in das Alltagswissen ein bestimmtes Vorwissen vorhanden sein muss.

„Vorstellungen von Persönlichkeit finden sich durchaus relativ früh bei Theologen, Philosophen und anderen Wissenschaftlern. Doch die Anwendung dieser Auffassung auf das Kind und insbesondere auf die Massen ist von Erfahrungen des Alltags abhängig, sowohl im Bereich der Pflege wie von Lernen" (368).

Auch wie wissenschaftliches Wissen in das Alltagswissen integriert wird, ist von Gruppe zu Gruppe, von Individuum zu Individuum verschieden. Die Mischung der beiden Wissensbestände führt dazu, dass das wissenschaftliche Wissen nicht 1:1 in das Alltagswissen übernommen wird, da durch die soziale Repräsentation, deren Ziel es ist „(...)etwas Unvertrautes oder Unvertrautheit selbst vertraut zu machen" (Moscovici 1984, zit. n. FLICK 1995a: 14), neuartige Phänomene verarbeitet und eingeordnet werden.[1] Ein Beleg für diese verzerrte Aufnahme von Informationen ist die bereits erwähnte Untersuchung von MOSCOVICI aus dem Jahre 1961.

Von der wissenssoziologischen und sozialpsychologischen Seite wird die Relevanz von Alltagswissen für die Forschung immer wieder betont. „Allerweltswissen, nicht ‚Ideen' gebührt das Hauptinteresse der Wissenssoziologie, denn dieses ‚Wissen' eben bildet die Bedeutungs- und Sinnstruktur, ohne die es keine menschliche Gesellschaft gäbe" (LUCKMANN & BERGER 1998: 16). FLICK (1995) sieht in der Auseinandersetzung mit Alltagswissen eine zentrale „(...) Notwendigkeit und Vorbedingung für eine Forschung, die sich mit menschlichem Denken – ob unter eher kognitions- oder sozialpsychologischem Fokus – auseinandersetzt" (54), denn das

---

[1] Dies geschieht laut MOSCOVICI durch die beiden Prozesse Verankerung und Objektivierung. „Der erste Prozess meint ‚die Verankerung ungewohnter Gedanken, diese auf gewöhnliche Kategorien und Bilder zu reduzieren, sie in einen vertrauten Kontext zu stellen' (Moscovici 1984) (...). Durch Objektivierung werden abstrakte Ideen und Konzepte in ein konkretes Bild übersetzt oder an konkreten Gegenständen festgemacht (Moscovici 1984). In diesem Übersetzungsprozess vom Abstrakten zum Konkreten werden etwa bestimmte Bestandteile einer Theorie weggelassen oder besonders in den Vordergrund gestellt" (FLICK 1995a: 14-15).

„(...) heuristische Potential des Alltagswissens für wissenschaftliche Erkenntnis liegt gerade darin, dass es sich eben nicht nur aus vulgarisierter[2] Wissenschaft, sondern auch aus anderen Quellen speist, z.b. aus eher traditionellen Anschauungen" (FLICK 1996: 111).

1.2 Wissen, Konstruktion von Wirklichkeit und soziale Repräsentation

„Moscovici geht davon aus, dass es eine Realität ‚als solche' gar nicht gibt, sondern dass diese immer von den Subjekten und sozialen Gruppen in der Interaktion hergestellt wird, und davon, dass der Prozess der sozialen Repräsentation ein Mittel der Konstruktion von Realität darstellt (...)" (FLICK 1996: 114).

Wenn wir die Theorie von MOSCOVICI sowie die Forderungen von BERGER & LUCKMANN (1998) berücksichtigen und davon ausgehen, dass es so gut wie keine allgemeingültige Realität gibt und Wirklichkeit erst durch die Verteilung von Wissen und der Bedeutung, die diesem Wissen zugewiesen wird, geschaffen wird, kann folgende Verbindung zwischen den Begriffen Wissen, Konstruktion und Repräsentation hergestellt werden:

Alltagswissen kann als Basis für die Schaffung und als „ein Medium der sozialen Konstruktion der Wirklichkeit" (FLICK 1996: 112) verstanden werden. Ein Mittel für die Konstruktion von Realität ist der Prozess der sozialen Repräsentation (FLICK 1996), da hier die Meinungen, Werte, Ideen einer Gesellschaft bzw. sozialen Gruppe zum Tragen kommen (MOSCOVICI 1995). Dadurch, dass eine Gesellschaft eine Meinung von sich hat, Dingen Wert zumisst, konstruiert sie einen (Groß-)Teil ihrer Wirklichkeit und ihrer Handlungsgrundlage. Ein Medium der sozialen Rep-

---

[2] Vulgarisation meint die Verwissenschaftlichung des Alltagsdenkens durch Übernahme bestimmter wissenschaftlicher Erkenntnisse (Flick 1996).

räsentation sind die Bilder, die eine Gesellschaft von sich macht. Die Inhalte der Konstruktionen werden also durch die Bilder, die die sozialen Repräsentationen einer Gesellschaft verdeutlichen, sichtbar.

Da die Bilder, die eine Gesellschaft von sich macht, allerdings laut MOSCOVICI (1995) nicht als Widerspiegelung, sondern als gesellschaftliche Realität angesehen werden können, sind sie die Handlungsgrundlage, auf der wissenschaftliches Wissen und auch medial vermitteltes Wissen wiederum in das Alltagswissen eindringen kann, von diesem verändert wird und so Alltagswissen seinerseits verändert.Da soziale Repräsentationen grundlegend für soziales Handeln sind, können sie durch die Analyse von Alltagswissen studiert werden (MOSCOVICI 1995).

> „Die Untersuchung von Alltagswissen erlaubt, Fragen nach dessen Inhalten, seiner Struktur in bezug auf unterschiedliche soziale Kontexte zu stellen, um darüber Aufschlüsse über die soziale Konstruktion und Verteilung alltäglicher Wissensbestände zu liefern. Die Analyse von Alltagswissen wird zu einem Medium der Untersuchung sozialer Repräsentationen (...)" (FLICK 1996: 112).

Durch die Offenlegung der Bilder, die eine Gesellschaft von sich macht, werden also innere Strukturen, wie beispielsweise die Beweggründe sozialen Handelns, sichtbar. Eine Aufgabe der Wissenschaft besteht so in der Offenlegung der gesellschaftlichen Bilder[3], da hierdurch die innere Strukturen aufgedeckt und die Beweggründe für soziales Handeln, aber auch für eigenes (wissenschaftliches) Handeln reflektiert werden können.

---

[3] Vgl. Kapitel 2.1 Bilder vom Kind

2. Kindheit als soziale Konstruktion

Da Wirklichkeit nicht nur aus reinem Faktenwissen besteht, sondern erst durch die Interaktion von Menschen geschaffen wird und eine soziale Komponente enthält, kann man ihr kaum eine allgemeine Gültigkeit zusprechen. Es stellt sich nun die Frage, welche Konsequenzen sich daraus für Kinder ergeben. Eine Schlussfolgerung liegt auf der Hand, nämlich die Erkenntnis, dass auch Kindheit konstruiert ist.

GLOGER-TIPPELT & TIPPELT (1986) begründen die Betrachtung von Kindheit als soziale Konstruktionen anhand von zwei Argumenten. Eine Erklärung sehen sie darin, dass unterschiedliche historische Epochen verschiedene Vorstellungen von Kindheit und kindlicher Entwicklung hervorgebracht haben. Wegweisend war in diesem Punkt sicherlich ARIÈS' Publikation über die „Geschichte der Kindheit", deren Originalausgabe 1960 erschien. Nach ARIÈS (1996) ist Kindheit keine Selbstverständlichkeit, vielmehr haben sich Vorstellungen über Kindheit erst historisch entwickelt. Ein weiteres Argument sehen sie in den unterschiedlichen Vorstellungen von Kindheit und kindlicher Entwicklung in verschiedenen Kulturen. So vergleicht beispielsweise eine Studie von Hess et al.

> "(...) japanische, nordamerikanische und später australische Mütter hinsichtlich der Zeitpunkte, zu denen sie die Beherrschung ausgewählter alltäglicher Verhaltensweisen von Kindern erwarteten. Dabei ergaben sich unterschiedliche Erwartungen an die Chronologie der kindlichen Entwicklung. Während japanische Mütter frühere Erwartungen an die Kontrolle emotionalen Verhaltens (nicht weinen, Ärger beherrschen) und an höfliche Umgangsformen mit Erwachsenen und Gehorsam hatten, rechneten amerikanische Mütter damit, dass ihre Kinder früher über Fähigkeiten der verbalen Auseinandersetzung (z.B. nach Erklärungen fragen, für eigene Rechte eintreten) und der sozialen Durchsetzung (z.B. Initiative beim Spiel übernehmen) verfügen" (GLOGER-TIPPELT & TIPPELT 1986: 157).

Als ein medienbezogenes Beispiel[4] für die unterschiedlichen Vorstellungen über Kindheit in verschiedenen Kulturen kann die Aufnahme des amerikanischen Spielfilms E.T. in den Ländern Schweden und Italien gelten (HENGST 1990a). Während der Film in Schweden für Kinder unter 11 Jahren verboten wurde und Stockholmer Eltern, die sich über dieses Verbot hinwegsetzten, stark von ihren Mitbürgern kritisiert wurden, stieß dies in Italien auf Unverständnis. Das Beispiel steht in Schweden für „(...) den Anspruch des schwedischen Staates, bis in die Details zu regeln und zu kontrollieren, wie die junge Generation aufwächst und (...) für die außergewöhnliche Bereitschaft der schwedischen Bevölkerung, dem Staat, seinen Institutionen und Experten zu vertrauen"(58). Die Italiener haben in diesem Punkt jedoch einen anderen Standpunkt, nach dem „(...) man auf die staatliche Obrigkeit nicht bauen kann"(58). Einer Einmischung des Staates wird in Italien mit großer Skepsis begegnet. „Diese Einstellung hat ebenso Auswirkungen auf die Verfassung des Mediensystems und die Erscheinungsform der kommerziellen Kinderkultur wie der Primat von Schutz und Kontrolle in Schweden" (58). Nachdem Kinder früher ausschließlich als ‚Menschen in Entwicklung' betrachtet, sie nach Altersnormen beurteilt wurden und Kindheit außerdem als Vorbereitungsphase hinsichtlich des Erwachsenwerdens charakterisiert wurde (vgl. HONIG, LEU & NISSEN 1996; LENZEN 1994), liegt der Tenor der neueren Kindheitsforschung immer mehr darin, die Natur des Kindes als zeitlich und räumlich variabel anzusehen.

> „The immaturity of children is a biological fact of life but the ways in which this immaturity is understood and made meaningful is a fact of culture" (PROUT & JAMES 1990: 7).

Es setzt sich die Vorstellung durch, dass es keinen konstanten Naturzustand des Kindes gibt, sondern Problemkonstellationen des Aufwachsens, die je

---

[4] Vgl. auch Kapitel 6.   Kinder: Eine Zielgruppe entsteht

nach kulturellem Kontext verschieden sind (LANGE 1995; SCHÄFER 1997). „Man *ist* nicht Kind, sondern *wird dazu gemacht* (...)" (HONIG 1996: 206; Hervorh. im Original). Kindheit wird auf der historisch gewachsenen Grundlage einer sozialen Gruppe geschaffen. Es gibt also auch keine festen Kriterien, anhand derer „das Kind" in jeder Gesellschaft und zu jedem Zeitpunkt beschrieben werden kann. Es existieren auch keine zu jeder Zeit allgemeingültigen Definitionsmerkmale, vielmehr sind die historisch gewachsenen, individuellen und gesellschaftlichen Vorstellungen ausschlaggebend für die Erwartungen, die an Kinder gestellt werden, für die Bewertung ihres Handelns, für die Möglichkeiten, die ihnen eröffnet werden, für die Einteilung, was ‚kindgerecht' ist, dem Kindeswohl dient bzw. schadet usw.

Daraus folgt eine schwerwiegende Konsequenz für die Kindheitsforschung: Durch die Forderung, Kindheit als eine soziale Konstruktion anzusehen, kann der Begriff Kind nicht mehr wissenschaftlich definiert werden, da nicht mehr nachgewiesen werden kann, was ein Kind ist und was nicht (LENZEN 1994). Die Wissenschaft steht so einem Dilemma gegenüber, das von ihr die Schaffung neuer Perspektiven fordert.

Fazit: Die Wirklichkeit, die Kinder heute erleben, ist Kindheit. Diese Kindheit wurde in einem historischen Prozess geschaffen, konstruiert.

2.1 Bilder vom Kind

Durch die Entdeckung der Kindheit als soziales Phänomen ist eine Klärung der Frage, womit wir es eigentlich zu tun haben, wenn wir über Kindheit und Kinder diskutieren, zwingend.

Da die Wirklichkeit des Kindes subjektiven Beurteilungen unterliegt, kann nicht mehr eindeutig definiert werden, was ein Kind ist. Es kann jedoch gefragt werden, was Kinder und Kindheit für eine bestimmte soziale Gruppe zu einem bestimmten Zeitpunkt bedeutete bzw. bedeutet und welche Bilder vom Kind als Grundlage für die jeweilige Konstruktion von Kindheit dienten bzw. dienen.

> „Das *Bild bzw. die Vorstellung von Kindern* ist als das sozial verfügbare Wissen über die Eigenarten und besonderen Bedürfnisse von Kindern zu verstehen. Dieses ‚Kinderbild' hat sich historisch entwickelt und kann in einer historischen Analyse besonders anschaulich erschlossen werden." (ENGELBERT 1986: 72; Hervorh. im Original).

Die „historisch-genetische Fragestellung" (LANGE 1995: 7) führt zu den Wurzeln des jeweiligen Verständnisses von Kindheit, so dass wir die Entstehung der heutigen Sichtweisen vom Kind verfolgen und die heutigen Vorstellungen besser einordnen können.

Auf der Grundlage dieser historischen Bilder entstehen die aktuellen Bilder vom Kind, „(...) die sich aus dem Wandel der Lebensverhältnisse und unserer gewandelten Auffassung vom sozialen Status des Kindes ableiten" (SCHÄFER 1997: 383). Die „aktuelle gesellschaftsdiagnostische Fragestellung" (LANGE 1995: 8) hilft zu vergegenwärtigen, dass Einschätzungen von Kindern und Kindheit immer unseren Vorstellungen unterliegen, wie Kinder zu sein haben.

Durch die Vergegenwärtigung, dass Kindheit konstruiert ist, kann diese reflektorischer – und somit von den vorgefassten Meinungen unabhängiger – betrachtet werden.

Laut Lange (1995) materialisieren sich Konstruktionen von Kindheit konkret in ‚Kindheitsbildern'. Diese scheinen nach SCHÄFER (1997) „(...)als Leitfiguren des Denkens den konkreten Umgang mit Kindern vorzustrukturieren, so dass wir im Zusammenspiel von Kind und Umwelt die entsprechenden Muster wahrnehmen, während uns andere verborgen bleiben"(379). KALTENBORN (1998) versteht in Anlehnung an Billmann-Mahecha (1990) unter Kindheitsbildern „die *'idealen Entwürfe und Vorstellungen,* die sich eine Epoche oder auch soziale Gruppe von Kindern macht'"(54: Hervorh. im Original). Auch HORNSTEIN (1994), der am Beispiel des Kinderschutzes die historische Entwicklung des Bildes vom Kind demonstriert, sieht in normativen Kindheitsbildern „Vorstellungen über das, was Kinder sind, welche Bedürfnisse sie haben, was ihnen guttut, was ihnen schadet, was sie gefährdet und was deshalb am besten von ihnen fernzuhalten ist" (573). Kindheitsbilder scheinen sich also immer auf das aktuelle Kindheitsbild zu beziehen. Die Konstruktionen von Kindheit werden jedoch immer erst durch eine Analyse der aktuellen Bilder sowie deren historischen Entwicklung sichtbar.

> „Der von Erwachsenen geschaffene rechtliche und soziale Kontext bei der Sorgerechtsregelung eröffnet oder verschließt Handlungspotentiale und -kompetenzen des Kindes beziehungsweise bringt Be- oder Entlastungsmomente für das betroffene Kind mit sich, konstituiert aber auch den Erfahrungshorizont für die Erwachsenen selbst und trägt dergestalt zur sozialen Konstruktion von Kindheitsbildern bei – Kindheitsbilder, die reflexiv sind, also wiederum auf die soziale Realität zurückwirken. Da dem Recht im Prozess der gesellschaftlichen Konstruktion von Kindheit und der konkreten Ausgestaltung der Lebenslage von Kindern eine wichtige Funktion, in manchen Bereichen, wie etwa in dem hier behandelten Bereich der Sorgerechtsregelung, sogar eine Schlüsselfunktion zukommt, ist eine kritische Auseinandersetzung mit den impliziten Kindheitsbildern des Rechts und des Expertenwissens geboten" (KALTENBORN 1998: 60).

Diese Forderung lässt sich sicherlich auf alle Bereiche übertragen, die Einfluss auf die Lebenssituation von Kindern nehmen. Vor allem für die Pädagogik, deren zweiter Grundbegriff neben der Bildung, die Erziehung ist (BÖHM 1994: 202), scheint die Beschäftigung mit Kindheitsbildern zwingend, denn gerade der Begriff 'Erziehung', der ja oft auch eine Erziehungsabsicht einschließt, eröffnet die Frage, in welche Richtung erzogen werden soll und auf welcher Grundlage erzogen wird. Die Zuschreibungen und Zumutungen, der die Personengruppe der Kinder unterworfen werden und die die Grundlage für erzieherisches Handeln bilden, können erst durch eine Analyse der Kindheitsbilder bewusst gemacht werden. Außerdem ist nur durch das Sichtbarmachen der Kindheitsbilder ein reflexives Nachdenken über Zweck und Ziel von Erziehung möglich. Es sind schließlich die Bilder vom Kind, die vorwegdefinieren, wie das ideale Kind auszusehen und in welche Richtung es sich zu entwickeln hat. Da eine völlige Loslösung von Bildern unmöglich ist, weil sie u.a. aus unserem Alltagswissen resultieren, ist das Bewusstmachen der Bilder ein Schritt dahin, das Selbstverständnis der Kinder mehr in den Mittelpunkt zu rücken. So kann Kindern die Möglichkeit gegeben werden, die der Kindheit zugrundeliegenden Bilder vom Kind zu zerstören (Schäfer 1997).

Fazit:

Konstruktionen von Kindheit sind soziale Repräsentationen, die durch die Werte, die eine Gesellschaft Kindern zumisst, die Meinungen, die sie über Kinder hat usw. geschaffen werden. Soziale Repräsentationen materialisieren sich in den Bildern vom Kind. Da Kinder in einer konstruierten Kindheit leben, impliziert dies, dass es Bilder von Kindern gibt, die die Grundlage für die Konstruktion von Kindheit bilden. Um den Konstruktionen von Kindheit auf die Spur zu kommen, müssen die aktuellen Bilder vom Kind sowie die historische Entwicklung dieser Bilder analysiert werden. Da Konstruktionen von Kindheit und Bilder vom Kind einander bedingen, können durch das Sichtbarmachen der Konstruktionen die Bilder vom Kind und damit verbunden auch die Konstruktionen der Kindheit geändert werden.

2.2 Die Rolle der Kinder

Während der Begriff Bild eher als eine metaphorische Theorie bzw. als eine theoretische Darstellung dient, kann im Begriff Rolle die praktische Durchsetzung gesehen werden. Rolle impliziert dauerhaft institutionalisierte Erwartungsmuster, die die Normen, Werte und Verhaltensvorgaben einer Gesellschaft darstellen.

Der Begriff der sozialen Rolle

> „(...) verweist auf die Eigentümlichkeit der Person, dass sie in der sozialen Wirklichkeit (ähnlich einem Schauspieler) verschiedene Rollen innehat (...). Ihr Handeln, ihre Rechte und Pflichten werden bestimmt durch die Bündel von Verhaltenserwartungen, -vorschriften und -zumutungen, welche die Gesellschaft insgesamt bzw. einzelne einschlägige Bezugsgruppen gemäß ihren Normvorstellungen

an den Rollenträger aufgrund seiner sozialen und/oder berufl. Position und den damit verbundenen Aufgaben und Funktionen richten" (BÖHM 1994: 586).

Laut BERGER & LUCKMANN (1998: 79) kommt institutionalisiertes Verhalten ohne Rollen nicht aus, da sie zu den Kontrollfunktionen der Institutionalisierung zählen und die Gesellschaftsordnung repräsentieren.

Für GLOGER-TIPPELT & TIPPELT (1986) stellt Kindheit

> „(...)eine Sammlung von Altersnormen dar, die wie ein Netz von Regeln den sozialen Umgang mit Kindern im Alltag regulieren. Der Verwendung des Begriffs Kindheit liegen damit bestimmte *Vorstellungen über Entwicklungsschritte oder Sequenzen einer Veränderung der kindlichen Persönlichkeit* zugrunde, die in pädagogischer Hinsicht gekennzeichnet und genutzt werden. Im folgenden sollen daher die beiden Aspekte gemeinsam diskutiert werden. Wir verwenden *Kindheit* als globalen Sammelbegriff für *soziale Erwartungen und Regeln*, die sich auf Altersperioden von der Geburt bis ungefähr zum frühen Jugendalter beziehen" (150. Hervorh. im Original).

In diesem Sinne ist Kindheit die Rolle, die Kindern zugewiesen wird. Die Inhalte der Rolle, die Regeln, Normen und Erwartungen sind normalerweise von Erwachsenen geschaffen und konstituieren Kindheit.

ENGELBERT (1986) betont, dass die soziale Steuerung der Handlungen von Kindern nicht allein mit deren zukünftiger Teilhabe an der Gesellschaft erklärt werden kann.

> „Die aktuelle Teilnahme der Kinder am gesellschaftlich geregelten Alltagsleben setzt vielmehr voraus, dass sie als Kinder eine bestimmte Position einnehmen und dass sie sich mit Verhaltensanforderungen auseinander zusetzen haben, die auf diese Position bezogen sind. Solche sozial vorgegebenen Verhaltensanforderungen an Positionsinhaber werden in der Regel mit dem Konzept der sozialen Rolle erfasst" (68).

Da das, mit dem Sozialisationskonzept verbundene, Erklärungsmuster des ‚Rollenlernens' aufgegeben werden soll, versucht ENGELBERT (1986) durch die Einführung des Begriffs der Kinderrolle, eine Trennung herbeizuführen. Der Begriff der 'Kinderrolle' „(...) kennzeichnet solche sozialen Verhaltensanforderungen, die sich auf die Art und Weise kindspezifischer bzw. für Kinder angemessener Handlungsweisen beziehen" (68). Es sind „(...) nicht die möglichen graduellen Abweichungen von einer entwickelten

Erwachsenenrolle gemeint, sondern Verhaltenserwartungen, die an die Altersrolle Kind gebunden und die mit Erwachsenenrollen zunächst nichts gemeinsam haben müssen" (69).

2.3 Die Stellung der Kinder

Eine allgemeine Definition des Begriffs gibt BÖHM (1994). Sozialer Status meint, die

> „(...) gesellschaftliche ‚Stellung' eines Menschen aufgrund seiner mit Sozialprestige verbundenen Position bzw. der aus ihr resultierenden Rechte und Pflichten, Privilegien und Ressourcen, Macht, Rollen usf. mit verhaltensrelevanten und soziale Ungleichheit konstituierenden Folgen. Im Gegensatz zu feudalaristokratischen Agrargesellschaften wird sozialer Status in industrialisierten Leistungsgesellschaften nicht mehr von Generation zu Generation vererbt und lebenslänglich zugeschrieben (z.B. durch soziale Herkunft, Rassen- oder Geschlechtszugehörigkeit), sondern ist (durch Eigeninitiative und individuelle Leistungsanstrengungen) prinzipiell erwerbbar und damit veränderbar geworden" (660-661).

In Anlehnung an BÖHMS Definition werden in dieser Arbeit die Begriffe Status und Stellung synonym verwand. Eine auf Kinder bezogene Definition von Stellung stellt ENGELBERT (1986) auf.

> „Der Status von Kindern kennzeichnet deren soziale Position in einer Gesellschaft mit ganz bestimmten Strukturen, die gesellschaftliches Zusammenleben regeln. Kinderstatus meint in diesem Zusammenhang das Verhältnis von diesen Strukturen zu den jeweils aktuellen sozialen ‚Zugeständnissen' an Kinder" (72; Hervorh. im Original).

In bezug auf die Gruppe der Kinder scheint diese Definition jedoch zu pauschal, da der Begriff Status, und vor allem seine Erwerbbarkeit, für Kinder eine zweifache Bedeutung hat, nämlich einmal im Hinblick auf die momentane Stellung der Gruppe der Kinder und außerdem hinsichtlich des zukünftigen Status des einzelnen Kindes als Erwachsener. Da der zweite Punkt angesichts meines Themas nur eine rudimentäre Rolle spielt, er aber auf die gegenwärtigen Konstruktionen von Kindheit und die momentanen Stellung der Kinder einen entscheidenden Einfluss hat, möchte ich an dieser Stelle kurz darauf eingehen.

2.3.1 Die Erwerbbarkeit eines sozialen Status

Dass der soziale Status nicht mehr vererbt wird, sondern erwerbbar geworden ist, hat für Kinder zunächst die Konsequenz, dass Kindheit eine weitere Zuschreibung erhält. Kindheit wird zu einem Bildungsmoratorium, in dem Kinder so viele Qualifikationen wie möglich ansammeln müssen, damit sie als Erwachsene eine hohe gesellschaftliche Position erreichen (ZINNECKER 1988; 1995). Dies hat natürlich auch Auswirkungen auf die Erwartungen, die an Kinder gestellt werden. Innerhalb dieses Moratoriums, in dem Kinder lernen und kulturelles Kapital erwerben sollen, sind sie laut ZINNECKER (1995) zunächst einmal von sozialen Verpflichtungen befreit. „In a certain sense, children belong to an idle social stratum" (94).

2.3.2 Der heutige Status der Kinder

Da Kinder nicht nur in der Zukunft als Erwachsene, sondern auch in der Gegenwart am gesellschaftlichen Leben teilnehmen, wird der Gruppe der Kinder eine Stellung zugeschrieben, die mit bestimmten Erwartungen und Anforderungen verbunden ist.

Eine logische Konsequenz der Erwerbbarkeit des sozialen Status ist die Einsicht, dass die Stellung, welche die Gruppe der Kinder innehat, ebenfalls veränderbar ist. Dies traf allerdings auch schon vor der Abschaffung des feudalen Systems zu. Wie LÜSCHER (1975) zeigt, hat sich die Rolle – und damit verbunden auch die Stellung – des Kindes nämlich seit je her verändert.

Auf der Grundlage der vorherigen Ausführung verstehe ich unter dem Begriff Stellung der Kinder die Position, die der Bevölkerungsgruppe der Kinder innerhalb einer Gesellschaft zugewiesen wird. Eine besondere Bedeutung hat hierbei vor allem die Sichtweise des Kindes als Subjekt und die damit verbundenen aktiven Teilnahmemöglichkeiten der Kinder am Gestaltungsprozess der jeweiligen Gesellschaft. Ich gehe hierbei von der Annahme aus, dass die gesellschaftliche Stellung, die der Gruppe der

Kinder zugeordnet wird, stark von der Zuschreibung einer aktiven bzw. passiven Rolle der Kinder abhängt. Je mehr ein Kind als Subjekt angesehen wird, desto größer wird seine aktive Rolle und desto höher ist die Stellung der Kinder anzusehen. Schlagwörter, die eine aktive Rolle der Kinder kennzeichnen sind beispielsweise Mitspracherecht, Eigenständigkeit, Unabhängigkeit und Teilhabe.

Diese Definition macht deutlich, dass ich in dieser Arbeit Kinder als eine Bevölkerungsgruppe und damit verbunden die Stellung der Kinder gesamtgesellschaftlich betrachte. Das einzelne Kind wird jedoch durch die Einbeziehung des Begriffes Subjekt nicht außer acht gelassen, da zwischen der Gruppe der Kinder und dem einzelnen Kind nach meiner Ansicht immer ein wechselseitiger Einfluss besteht, der sich auf die Stellung der Kinder auswirkt.

2.4 Theorieentwurf: Der Prozess, der zu einer Festsetzung der Stellung der Kinder führt

Auf der Basis der vorherigen Ausführungen stellt sich nun die Frage: Wie konstituiert sich die Stellung der Kinder?

CHOMBART DE LAUWE (1984) betont:

> „The interaction of the child with society varies according to the status granted to his age group and to the models presented to him by parents, teachers, childhood institutions, the media and his immediate environment" (185).

Und auch ENGELBERT (1986) fragt

> „(...) nach den gesellschaftlichen Strukturen, die die Stellung des Kindes begründen, um auf diese Weise systematische Vorgaben für eine angemessene Charakterisierung der Rolle des Kindes zu entwickeln. Dies ist nur möglich, wenn das vorhandene ‚Bild vom Kind' vor dem Hintergrund seines aktuellen sozialstrukturellen Kontextes gesehen wird" (1986: 81).

Durch die Verbindung der Begriffe Konstruktion von Kindheit, Bilder vom Kind und Rolle der Kinder kann diese Frage geklärt und in einem Schema anschaulich dargestellt werden.

> „Vor dem Hintergrund eines vorherrschenden ‚Bildes vom Kind' konkretisiert sich die Rolle des Kindes durch diejenigen Verhaltensanforderungen, die sich am aktuell geltenden und konkret erfahrbaren Kinderstatus und der darauf zu beziehenden Stellung des Kindes in der Familie festmachen lassen" (ENGELBERT 1986: 72).

Obwohl ENGELBERT an dieser Stelle auf die Stellung des einzelnen Kindes innerhalb der Familie verweist, darf nicht vergessen werden, dass nach ihrer Definition der Kinderstatus die gesellschaftliche Position von Kindern bestimmt. Diese gesellschaftliche Sichtweise ist auch der Ausgangspunkt, den ich für meine Ausführungen wähle.

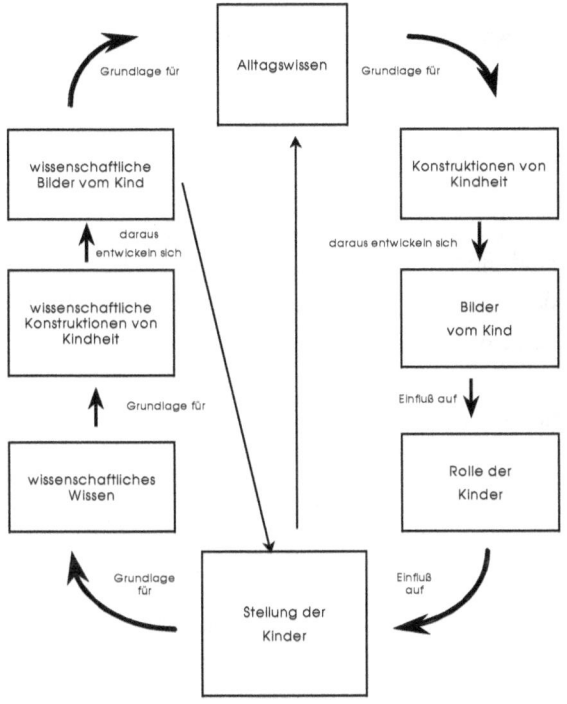

Abbildung 1: Der Prozess, der zu einer Stellung der Kinder in der Gesellschaft führt

Alltagswissen

Das generelle Alltagswissen und das Alltagswissen über Kinder, das durch die Übernahme einer sozialen Gruppe für diese eine Bedeutung erhält und so handlungsrelevant wurde, bilden die Grundlage für die Konstruktionen von Kindheit.

Beispiel:

- Kinder sind sich entwickelnde Persönlichkeiten, die Schutz brauchen und in der Schule Qualifikationen erwerben müssen, um später gute Chancen zu haben.

Konstruktionen von Kindheit

Auf dieser Grundlage entwickeln sich verschiedene Konstruktionen von Kindheit.

Beispiel:

- Kindheit wird als Phase des Schutzes und der Vorbereitung auf das Erwachsenendasein gesehen.

Bilder vom Kind

Aufgrund der Konstruktionen von Kindheit entwickeln sich Bilder vom Kind. Sie sind die Vorstellungen, die aus dem sozialen Wissen entstehen und definieren, wie ein ideales Kind in dem vorherrschenden Muster der Kindheit zu sein hat. Desweiteren bilden sie die Basis für die Zuschreibungen an Kinder und werden so zu einer sozialen Realität.

Beispiel:

- Das Kind wird zu einem schützenswerten Objekt, das nicht in der Lage ist, seine eigenen Bedürfnisse zu erkennen.
- Das Kind wird als Schüler gesehen, welcher Qualifikationen zu erwerben hat.

Diese Bilder vom Kind haben Einfluss auf die Rolle der Kinder.

Rolle der Kinder

Die konstruierte Kindheit definiert die Inhalte der Rolle, die Kindern zugeschrieben wird. Die Bilder vom Kind sind die Vorstellungen von dem Kind, das dieser Rolle gerecht werden soll. Die Rolle der Kinder enthält die Erwartungen, die an die Inhaber eines Kinderstatus gerichtet werden und ist für den tatsächlichen Status von Kindern maßgeblich. Indem Kinder eine konstruierte Kindheit durchleben, spielen sie die Rolle, die ihnen zugewiesen wird und erfüllen so die Bilder, die vom Kind gemacht werden. Falls sie diesem Bild nicht entsprechen, werden sie als Abweichler charakterisiert.

Beispiel:

- Kinder spielen im gesellschaftlichen Leben eine untergeordnete (passive) Rolle, da sie nicht einmal ihre eigenen Bedürfnisse erkennen.
- Kinder gehen in die Schule und lernen.

Stellung der Kinder

Mit Stellung der Kinder ist deren tatsächliche Position gemeint, die sich durch die Rechte, die Kindern zugesprochen, die Handlungsspielräume, die Kindern gegeben, die Ressourcen, die ihnen zur Verfügung gestellt werden usw. ergibt.

Beispiel:

- Kinder haben eine gesellschaftliche Position, in der ihnen eine passive Rolle zugewiesen wird. Sie nehmen kaum einen aktiven Einfluss auf die gesellschaftliche Entwicklung. Nach meiner Definition von Stellung bedeutet dies einen geringen gesellschaftlichen Status der Kinder.

Wissenschaftliches Wissen

Wie viel und welches wissenschaftliche Wissen auf der Basis der momentanen Konstruktionen von Kindheit und den aktuellen Bildern vom Kind entsteht, ist vom Status der Kinder abhängig.

1) Die Stellung, die Kinder innehaben, ist verantwortlich dafür, in welchem Maße Kindheit erforscht wird. Eine hohe Stellung bedingt eine große Bedeutung der Gruppe für die Forschung. Dies bedeutet beispielsweise, dass einerseits mehr Geldmittel für die Erforschung von Kindern bereitgestellt werden und dass andererseits das Interesse der Forscher wächst, da Kinder zu einer interessanten Zielgruppe werden.

> „Die soziale Gruppe mit der sich WissenschaftlerInnen befassen, bestimmt weitgehend den Wert ihrer Forschungen. Zuoberst standen die Männer, weiter unten die Frauen und zuunterst die Kinder. Die Reihenfolge entspricht der Macht der jeweiligen Gruppe in unserer Gesellschaft" (WEISS 1995: 139-140).

2) Alltagswissen spielt für die Entstehung von wissenschaftlichem Wissen eine Rolle, da der Wissenschaftler auf der Basis seines Alltagswissens handelt. Allerdings ebnet auch vorheriges wissenschaftliches Wissen den Weg zu neuem Wissen. Für die Erkenntnis, Kindheit als Konstruktion anzusehen, war beispielsweise die Idee der Konstruktion von Wirklichkeit maßgeblich.

Beispiel:

Alltagswissen des Forschers: Wir leben in einer Demokratie, in der alle die gleichen Rechte der Mitgestaltung haben.

Wissenschaftliches Wissen: Wirklichkeit ist konstruiert: Der Status von Kindern ist bedingt durch soziale Vorgaben. Wenn ihnen die Möglichkeit gegeben wird, sind Kinder durchaus in der Lage eine aktivere Rolle innerhalb der Gesellschaft einzunehmen.

Folge: Kinder werden als mündige Bürger betrachtet, denen ein aktiver Anteil an der gesellschaftlichen Konstruktion von Kindheit zugewiesen werden sollte.

Wissenschaftliche Konstruktionen der Kindheit

Wissenschaftler konstruieren aufgrund von Erkenntnissen Kindheit um.

Beispiel:

Durch das wissenschaftliche Wissen, das Kindheit konstruiert ist, wird der Weg für neue Konstruktionen der Kindheit geebnet.

Kindheit wird nicht mehr als Durchgangsphase, sondern als eine „Gesellschaftsform im historischen Wandel" (HONIG, LEU & NISSEN 1996: 10) betrachtet.

Wissenschaftliche Bilder vom Kind

Die wissenschaftlichen Konstruktionen von Kindheit lassen neue Bilder vom Kind entstehen.

Beispiel:

- Das Kind wird als aktive Person gesehen, die ihre Entwicklung selbst gestaltet.

Alltagswissen

Diese Bilder treten nun in abgeänderter Form in das Alltagswissen ein.

Der direkte Einfluss von wissenschaftlichen Bildern auf die Stellung der Kinder

Wissenschaftliches Wissen hat auch (z.B. in der Politik) einen direkten Einfluss auf den Status von Kindern. Wenn bspw. die Wissenschaft das Kind als mündigen Bürger postuliert und diese Vorstellung belegen kann, verändert sich die politische Stellung der Kinder abgeschwächt in diese Richtung. Das Alltagswissen muss sich zu diesem Zeitpunkt noch nicht verändert haben. Allerdings bewirkt nun die veränderte Stellung der Kinder ihrerseits eine Umwandlung des Alltagswissens.

2.5 Fazit

Das Leben der Kinder innerhalb einer Gesellschaft hängt wesentlich von dem Wissen, das diese Gesellschaft bzw. Teile dieser Gesellschaft über Kinder gewonnen hat sowie der Art und Weise, wie sie dieses Wissen bewertet und in ihr Alltagswissen übernimmt, ab.

Das Wissen, das durch die Übernahme einer sozialen Gruppe für diese eine gruppenspezifische Bedeutung erhalten hat und so handlungsrelevant wurde, bilden die Grundlage für die Konstruktionen von Kindheit. Durch das Sichtbarmachen der Bilder vom Kind kann die Stellung von Kindern innerhalb der Gesellschaft verändert werden, da das Fundament auf dem dieser Status steht, offengelegt wird.

Das Endergebnis der Sichtweise „Kindheit als Konstruktion" müsste demnach auf eine Loslösung vom Konzept der Rolle abzielen, da erst durch eine Lösung von den Zuschreibungen die Wirklichkeit von Kindern annähernd erfasst und Kindheit definiert werden kann. Da es jedoch keine Wirklichkeit jenseits der sozial konstruierten Bilder gibt sondern nur unterschiedliche Symbolisierungen existieren, kann auch keine Lösung vom Rollenkonzept stattfinden. Es kann nur zwischen verschiedenen Bildern unterschieden werden.

Die äußeren Rahmenbedingungen, die für die Gestaltung von Kindheit wesentlich sind, wurden bisher vorwiegend von anderen, nämlich Erwachsenen, konstruiert. So fand beispielsweise die kindliche Eigenwelt in den Kindheitskonzepten bisher wenig Berücksichtigung. Eine Aufwertung des Status der Kinder wäre es also, Kindern die Möglichkeit zur Mitkonstruktion von Wirklichkeit zu geben. Ziel ist demnach nicht die Lösung von dem Konzept der Rolle, sondern die Lösung von einem Rollenkonzept, das nur von Erwachsenen gestaltet wird, damit eine Annäherung an die von Kindern selbst konstruierte Wirklichkeit möglich wird. Ein völliges Loslassen von Bildern und von Rollenzuschreibungen kann nicht funktionieren, da unser gesamtes Handeln von diesen Grundlagen abhängig ist. Dadurch, dass wir uns jedoch bewusst machen, dass Zuschreibungen auf der Basis konstruierter Bilder entstehen, haben wir die Möglichkeit, diese zu durchbrechen.

Kinder können so vom passiven Objekt von Zuschreibungen zu aktiven Mitkonstrukteuren ihrer Wirklichkeit werden.

II. BEGRIFFLICHKEITEN UND BEFUNDE AUS DER KINDHEITSFORSCHUNG

3. Überblick

Heute ist es selbstverständlich geworden, Kinder als sich entwickelnde Menschen zu betrachten. Die Kindheit ist mittlerweile durch Erwerbsfreiheit und Lernen gekennzeichnet wobei die Rechte der Kinder auf Schutz, Erziehung und Entfaltung ihrer Persönlichkeit immer weiter ausgebaut werden. Der Erwachsene ist zu einem „Anwalt des Kindes" (HONIG, LEU & NISSEN 1996: 9) geworden.

In der Soziologie und der Erziehungswissenschaft breitet sich jedoch mittlerweile die Tendenz aus, Kinder nicht mehr nur als „Menschen in Entwicklung"(10) zu sehen, sondern auch als „Personen aus eigenem Recht"(19). Entwicklung wird als Metapher der Bevormundung zurückgewiesen, da durch sie Kindheit zu einem Übergangsstadium zum Erwachsenensein reduziert wird.

Indem die subjektiven Bedürfnisse, Wünsche und Interessen des Kindes hervorgehoben werden, erfährt nun das Einzelindividuum eine besondere Betonung.

Wo Kindern früher kaum Aufmerksamkeit geschenkt wurde, werden sie heute ernstgenommen und ihre eigenen Standpunkte treten in den Vordergrund. Kinder werden zunehmend als junge Bürger betrachtet, die eigene Vorstellungen von ihrem Leben in der Gesellschaft haben und durchaus in der Lage sind, ihre Bedürfnisse selbständig zu formulieren (ZINNECKER 1996).

Hinter dem Wandel der Einschätzungen stehen laut ZINNECKER (1996: 3) zwei Leitideen: *Partizipation und Glaubwürdigkeit.*

Da es einem progressiven (Selbst-) Verständnis einer demokratischen Gesellschaft widerspricht, wenn ganze Bevölkerungsgruppen von der politischen Gestaltung ausgenommen werden, ist es nur natürlich, dass die Bemühungen, die Gruppe der Kinder in diese einzubeziehen, stärker werden (4).

Kinder werden zunehmend als „Autoritäten in eigener Sache"(3) betrachtet. Es werden nicht mehr nur erwachsene Experten des Kinderlebens befragt, sondern Kinder werden selbst in Untersuchungen einbezogen.

Die Basis für diese Leitideen bildet nach meiner Einschätzung vor allem die sich durchsetzende Vorstellung, Kindheit als Konstrukt anzusehen. Diese hat eine Veränderung der Beurteilung von Kindern mit sich gebracht. Die Wissenschaft steckt in dem Dilemma, den Begriff ‚Kind' nicht mehr definieren zu können, so dass auch die Maßstäbe, an denen kindliche Entwicklung gemessen wird, nicht mehr ohne weiteres festgesetzt werden können. Da dem Kind nicht mehr gesagt werden kann, wie es als Kind zu sein hat, muss ein Perspektivenwechsel dahingehend eintreten, dem Kind selbst die Möglichkeit der Mitteilung wie es ist bzw. wie es sein möchte einzuräumen.

Auch die Vorstellung der Konstruktion von Kindheit hat dahingehend eine Erweiterung erhalten. 1990 stellten JAMES & PROUT die Frage nach einem neuen Paradigma in der Soziologie der Kindheit. Die Autoren blieben bei der Beantwortung dieser Frage nicht dabei stehen, die Natur des Sozialen als konstruiert und damit verbunden auch Kindheit als ein kulturelles Muster zu betrachten. Vielmehr gehen sie davon aus, dass neben der sozialen Konstruktion der Kindheit durch die Gesellschaft, Kindheit auch ein aktiver Prozess der Gestaltung ist, in dem Kinder diese eigenständig konstruieren.

> „Children are and must been seen as active in the construction and determination of their own social lives, the lives of those around them and of the societies in which they live. Children are not just the passive subjects of social structures and processes" (PROUT & JAMES 1990: 8).

Die besondere Bedeutung des neuen Paradigmas liegt also in der doppelten Sichtweise des Begriffs Konstruktion, denn „childhood is both constructed and reconstructed both for children and by children" (PROUT & JAMES 1990: 7). Das Kind verliert seine passive Rolle, die es zu einem Objekt werden ließ und wird als sozialer Akteur zu einem Subjekt.

Besonders deutlich lässt sich diese Dualität, in der Erwachsene und Kinder einen Einfluss auf Kindheit haben, am Beispiel der Kinderkultur darstellen.

4. Der Begriff der Kinderkultur

Flemming MOURITSEN (1993: 56) versteht unter dem Begriff Kinderkultur zunächst einmal die von Erwachsenen für Kinder produzierte und die von Kindern selbst geschaffene Kultur. Hinter dieser pauschalen Einteilung in die Kultur für Kinder und die Kultur der Kinder stehen zwei verschiedene Ansichten von Kindheit, die heute beide nebeneinander existieren und sicher auch nicht voneinander getrennt werden können. So unterscheidet HENGST (1996) zwischen zwei Kindheitsprojekten:

> „1. einem *zukunftsorientierten Entwicklungs-, Erziehungs- und Bildungsprojekt* Erwachsener und
>
> 2. einem *gegenwartsorientierten Autonomieprojekt* der Kinder" (118; meine Hervorh.),

die beide ihre Widerspiegelung im Kinderkulturbegriff finden.

4.1 Kultur für Kinder

Diese Kinderkultur, von HENGST (1994) auch als „Parallelschule und zukunftsorientiertes Entwicklungsprojekt"(134) bezeichnet, geht mit der traditionellen bürgerlichen Sichtweise von Kindheit konform. Schlagwort für diese Ansicht von Kindheit ist der Begriff Entwicklung. "Er definiert explizit und implizit Kinder, Kindheit und was Kinder machen (z.B. ihre Spiele) im Hinblick darauf, wie dies zum Erwachsensein führt." (MOURITSEN 1993: 55). Laut HENGST wurden Kinder

> „(...)in den traditionellen, entwicklungspsychologischen und Sozialisationskonzepten als unreif, irrational, prärational, asozial und kulturlos, letztlich als eine besondere Spielart der Spezies Mensch betrachtet, deren Angehörige im Erfolgsfall erwachsen (reif, rational, kompetent, sozial und autonom) gemacht oder zu Abweichlern wurden" (1993: 17; 1993a: 90).

Aus diesem Grund werden die Tätigkeiten von Kindern entweder als entwicklungsfördernd oder -hemmend beurteilt und dementsprechend instrumentalisiert. „Konstrukteur und Kontrolleur des ersten Projekts ist die bürgerliche Erwachsenengesellschaft (mit Kindheitswissenschaftlern und -experten, Ratgebern, eigenen Medien, spezifischen Institutionen und Mechanismen)" (HENGST 1996: 118). Da sich Eltern Sorgen um den beruflichen und gesellschaftlichen Erfolg ihrer Kinder machen, werden Medien – wie beispielsweise die Kinderliteratur – für erzieherische Zwecke eingesetzt.

4.2 Kultur der Kinder

Die Tatsache, dass Kinder eine eigene Kultur schaffen, ist sicherlich nicht neu. Wohl aber die Einstellung, die dieser Kultur von den Erwachsenen entgegengebracht wird. Mittlerweile wird Recht der Kinder auf diese eigene Kultur postuliert. HENGST (1993: 18) sieht ein Grund für diesen Wandel in dem zunehmenden Gewicht interpretativer Ansätze in den Sozialwissenschaften, die für die Neuorientierung der Kindheitsforschung wichtige Impulse geliefert hat. Das Interesse am Alltagsleben der Kinder wächst. Kinder werden zunehmend als aktive Wesen betrachtet, die soziale Beziehungen konstruieren und demnach auch eine eigene Kultur entwickeln. Lothar KRAPPMANN (1993) bspw. Sieht in der von Kindern geschaffenen Kinderkultur eine institutionalisierte Entwicklungsaufgabe. Nach seiner These ist die eigenständige Sozialwelt der Kinder wegen ihres kulturellen Charakters „ein zentraler und unverzichtbarer Ort der Entwicklung von Autonomie und Kompetenz" (365).

> „Die Probleme, mit denen sich Kinder auseinandersetzen, um sich kompetent am Sozialleben ihrer Gruppe beteiligen zu können, sind in mannigfacher Weise mit ihrer Entwicklung verwoben. (...) Die tradierte Kinderkultur mit Gruppe, Spiel und Streit präsentiert Kindern folglich Aufgaben, die ihnen den nächsten Entwicklungsschritt abfordern. Die Kinder greifen diese Aufgaben auf, weil sie an der Reihe und bewältigbar sind. Die Kinderkultur bahnt den Schritt auf die nächste Stufe des Könnens vor, indem sie Abgrenzung des kindereigenen Erfahrungsraums, durch Bräuche und Riten, sogar durch Intoleranz gegenüber den Abweichlern, ein Stützgerät bietet, das die anstehenden Entwicklungsschritte erleichtert" (373).

Für HENGST (1996) ist die Kultur der Kinder ein „gegenwartsorientiertes Autonomieprojekt", dessen zentrale Bedeutung „in der Schaffung und Behauptung pädagogisch verdünnter Spiel- und Lernräume"(118) liegt.

Für die Entwicklungen im Werbemarkt sind hier vor allem zwei Punkte von Bedeutung:

- Kindern wird einerseits Autonomie zugestanden, sie werden mit ihren Wünschen und Bedürfnissen ernstgenommen und ihnen wird nun eine aktive Mitarbeit an ihrer Entwicklung zugestanden.

- Andererseits verliert natürlich auch das Erziehungsprojekt der Eltern und Erzieher nicht an Bedeutung, da diese sich auch weiterhin Sorgen um den beruflichen und gesellschaftlichen Erfolg ihrer Kinder machen und nach 'pädagogisch wertvollen Mitteln' suchen, um ihren Kindern einen möglichst guten Start ins Leben zu ermöglichen.

„Mit Kinderkultur verhält es sich nicht anders als mit Kindheit: sie kann nur in Relation zur (keineswegs homogenen) Erwachsenenwelt unter historisch-konkreten Rahmenbedingungen bestimmt werden. Kinderkultur, verstanden als die Kulturarbeit, die Kinder im Alltag leisten, ist immer auch Auseinandersetzung mit der Gesamtheit der Lebensbedingungen in der Gesellschaft, vor allem mit den Zumutungen und Widersprüchen der jeweiligen Kindheitskonstruktion. Deshalb soll der Begriff Kinderkultur weit gefasst werden, und für die typischen Antworten stehen, die Kinder in ihren Wahrnehmungen, in ihrem Denken, Fühlen und Tun auf die sozialen und kulturellen Bedingungen geben, die sie jeweils vorfinden" (HENGST 1993a: 93).

5. Forschung aus der Perspektive des Kindes

> „Wie kann man wissen, wie Kinder wirklich sind, was sie empfinden, wahrnehmen, denken, welches ihre ‚wahren Bedürfnisse' sind, was ihnen ‚wirklich nützt'?" (GLOGER-TIPPELT & TIPPELT 1986: 151)

Die Anerkennung einer Perspektive des Kindes setzt zunächst einmal die Anerkennung von verschiedenen Perspektiven voraus. Als Gegenpol zu einer Perspektive des Kindes muss es also eine Perspektive des Erwachsenen geben, die sich grundlegend von dieser unterscheidet. Erst durch eine Distanzierung zwischen Kinder- und Erwachsenenwelt, bilden sich Kindheit und Erwachsensein als getrennte Perspektiven menschlichen Seins heraus (SCHÄFER 1997: 378). Die Forderung einer Übernahme der Perspektive des Kindes setzt also eine Differenz zwischen Kindern und Erwachsenen voraus. Ein Kind wird erst durch die Feststellung eines Unterschiedes, durch die Zuschreibung, nicht erwachsen zu sein sowie durch die Festsetzung als zu erziehender Mensch, zum Kind (LENZEN 1994; HONIG 1998). Dies hat natürlich auch Auswirkungen auf den Erwachsenen.

> „Man spricht nicht nur über sich als Erwachsenen, wenn man vom Kind spricht. Wir 'konzipieren' uns als Erwachsene, wenn wir behaupten, dass es Kinder gibt. Wenn wir beschreiben, was Kind ausmacht, dann beschreiben wir unausgesprochen auch, was ein Erwachsener ist" (LENZEN 1994: 343).

Die Differenz von Kindern und Erwachsenen darf jedoch vor dem Hintergrund einer konstruierten Kindheit nicht als Selbstverständlichkeit vorausgesetzt werden, da dieser Unterschied kein realer ist. Nach HONIG (1998) ist dies die Voraussetzung für eine Thematisierung des Unterschiedes in der sozialwissenschaftlichen Kindheitsforschung, deren Anliegen es ist, die gesellschaftliche Organisation des Unterschiedes zu erfragen. Für ihn besteht die Aufgabe der Kindheitsforschung darin, „(...) von der Kluft auszugehen, die sich zwischen der binären Codierung der

Unterscheidung von Erwachsenen und Kindern und der sozialen Organisation des Unterschieds von Kindheit und Erwachsenheit auftut" (Ms.).

Durch die Differenz von Kindern und Erwachsenen wird Perspektivität zu einem Strukturmerkmal des Erwachsenen-Kind-Verhältnisses.

> „Entsprechend hängt die Realisierung der Forderung, der Perspektive von Kindern Rechnung zu tragen, davon ab, wie man die Differenz zwischen Kindsein und Erwachsenensein versteht und begründet und wie man dieser Begründung im methodischen Arrangement der Beobachtungen und Befragungen Rechnung trägt. 'Generation' ist nicht nur ein Untersuchungsgegenstand, sondern strukturiert auch den Zugang zu Kindern und den Forschungsprozess" (Ms.).

Voraussetzung für den Wunsch, die Perspektive des Kindes einnehmen zu wollen, ist die Erkenntnis, dass Wirklichkeit – und damit verbunden auch Kindheit – konstruiert ist und die Vorstellungen, die Erwachsene von Kindern haben bzw. die Art, wie sie Kinder definieren, nicht allgemein gültig sind. Die Weiterführung dieses Gedankens lässt den Schluss zu, dass nicht nur Erwachsene Wirklichkeit konstruieren, sondern auch Kinder einen Einfluss auf die Konstruktionen von Kindheit haben.

> „Die eigene Art der Kinder zu sehen, zu denken, zu fühlen, kurz: ihre Eigenwelt, werden nun als eigenständige Wirklichkeit entdeckt und erforscht" (Honig 1998: Ms).

Für die Konstruktion von Kindheit sind demnach zwei Wirklichkeiten relevant:

- die von den Kindern selbst konstruierte kindliche Eigenwelt und
- die von den Erwachsenen geschaffenen Rahmenbedingungen.

Bisher dominierte die Wahrnehmung der von Erwachsenen geschaffenen Wirklichkeit. Ihre Vorstellungen von Kindheit wurden als allgemeingültige Tatsache angenommen und waren aus diesem Grund handlungsrelevant. Die Geschicke der Kinder wurden aus einer rein erwachsenenzentrierten Perspektive wahrgenommen und gelenkt. Kinder sollten tunlichst den

Bildern der Erwachsenen entsprechen und die Zuschreibungen, die Erwachsene an die Rolle der Kinder richteten, erfüllen.

Da sich Kindheit aber immer nur in einer Gesellschaft, in der Kinder und Erwachsene leben, abspielt und beide Konstruktionen von Kindheit Einfluss auf das Leben von Kindern nehmen, können diese nicht getrennt voneinander gesehen werden.

Der Versuch, aus der Perspektive des Kindes forschen zu wollen, ist demnach der Versuch, sich von der erwachsenenzentrierten Sichtweise zu lösen, um so den Konstruktionen der Kinder näher zu kommen.

Zwei Gründe rechtfertigen den Versuch die kindliche Perspektive über die der Erwachsenen zu setzen und in den Vordergrund zu rücken:

- Eine Perspektivenübernahme erfolgt immer von der Seite der Erwachsenen.
- Der Einfluss der kindlichen Eigenwelt auf die Konstruktionen von Kindheit wurde aufgrund des bestehenden Machtverhältnisses zwischen Erwachsenen und Kindern bisher extrem vernachlässigt.

Die Eigenwelt der Kinder zu erforschen, bedeutet für den Erwachsenen, etwas Unvertrautes vertraut zu machen. Da Kinder als „Personen aus eigenem Recht" (HONIG, LEU & NISSEN 1996: 10) gesehen werden, sollen die Wünsche und Bedürfnisse der Kinder ungefärbt von den Vorstellungen der Erwachsenen über Kinder im Mittelpunkt stehen.

Es sind primär die Erwachsenen, die auf der Grundlage ihrer eigenen Bilder vom Kind versuchen, die Bedürfnisse von Kindern aus der Sicht der Kinder in den Vordergrund zu rücken, deshalb ist es problematisch dem Anspruch der Perspektive des Kindes gerecht werden zu wollen (HONIG, LEU & NISSEN 1996). Obwohl die kindliche Autonomie betont wird, „(...) bleibt Forschung 'aus der Perspektive von Kindern' notwendigerweise ein Diskurs Erwachsener. In der Kindheitsforschung vertreten nicht

Kinder ihre Interessen, sondern Erwachsene beanspruchen Verantwortung für Kinder" (HONIG 1998: Ms.).

Dem Kindheitsforscher ist es demnach gar nicht möglich, die Perspektive des Kindes einzunehmen, da er aufgrund seiner Vorerfahrungen, z.B. als Kind oder durch seinen Kontakt zu Kindern, Vorstellungen und Bilder vom Kind entwickelt hat, die die Grundlage für seinen Denkprozess und sein Handeln bilden.

5.1 Die kindliche Eigenwelt

> „Die sozialwissenschaftliche Kindheitsforschung entspringt der doppelten Behauptung einer eigenständigen und in ihrer Eigenständigkeit bislang nicht beachteten Wirklichkeit der Kinder" (HONIG 1998: Ms.).

Der eigenen Welt der Kinder, in der sich die Aktionen abspielen, die nicht der Planung und Kontrolle von Erwachsenen unterliegen, und die eng mit der Kultur der Kinder verwoben ist, wird erst seit kurzer Zeit Bedeutung zugemessen.

Laut KRAPPMANN (1993: 366) konstruieren Kinder, gerade weil die Welt der Erwachsenen ihnen fremd ist und sie diese von den Erwachsenen nur unzureichend erklärt bekommen, selbständig eigene Sinnvorstellungen und Regeln, auf deren Basis sie in eigener Regie Antworten auf neue Situationen suchen. Auch für HONIG (1996a: 15) bildet die soziale Welt der Kinder einen abgegrenzten Erfahrungsraum, der ihnen die Möglichkeit bietet, sich einen leichteren Zugang zu der Welt der Erwachsenen zu erarbeiten.

Auch wenn die Erwachsenenkultur Einfluss auf die Interaktion der Kinder hat, „(...) ist die Kinderwelt niemals nur Erwachsenenprodukt, sondern Kinder rebellieren, entziehen sich in subversives 'underlife', um an den Strukturbildungen zu arbeiten, die ihnen nicht abgenommen und nicht verwehrt werden können (...)" (KRAPPMANN 1993: 366). Kinder sind keine passiven Wesen, die sich nur mit Hilfe des Erwachsenen entwickeln können, vielmehr sind sie beispielsweise durch die Interaktion mit anderen Kindern, aktiv am Prozess ihrer Sozialisation beteiligt. Durch diese 'Ko-Konstruktion' der Kinder ist die Kinderwelt

> „(...) viel mehr als ein Ort, an dem Kinder sich treffen, mehr als ein Experimentierfeld, in dem sie von Erwachsenen vermittelte und abgeschaute Fertigkeiten untereinander erproben, sondern ein Lebensbereich mit eigenen Themen, Aufgaben und Problemen, aber auch mit Verstößen, Pannen und Widerfahrnissen, die von Kindern im Rahmen geregelter Kooperation zu bearbeiten sind, und zwar in Anwendung akzeptierter Vorgehensweisen, orientiert an Normen, Idealen und Gütermaßstäben, unter Meidung von Tabus und in Achtung schicksalhafter Mächte" (KRAPPMANN 1993: 366-367).

5.2 Das Kind als Fremder

> „Gleichwohl ist die Entdeckung der kindlichen Eigenwelt die Entdeckung einer fremden Welt, einer Welt von Fremden" (HONIG 1998: Ms.).

Eine Kindheitsforschung, die an sich die Forderung stellt, Kinder als Personen aus eigenem Recht, als soziale Akteure und Gestalter einer eigenen Kultur zu sehen und welche die alltägliche Lebensführung, die sozialen Beziehungen von Kindern mit ihren Lebensbedingungen aus der Perspektive des Kindes in den Vordergrund stellen will, muss sicherlich mit Schwierigkeiten kämpfen. Ein Weg, der in der Literatur immer wieder Erwähnung findet, ist, das Kind als Fremden zu betrachten.

Da die kindliche Eigenwelt immer auch durch die Auseinandersetzung mit der Welt der Erwachsenen entsteht, impliziert diese Betrachtungsweise eine Differenz zwischen Erwachsenen und Kindern, die so nicht besteht. Obwohl Kinder oberflächlich betrachtet in der gleichen Gesellschaft wie Erwachsene leben und alle Erwachsenen auch einmal Kinder waren, besteht in der Kindheitsforschung dennoch die Tendenz, Kinder als Fremde zu betrachten, um so ihre Bedürfnisse möglichst unverfälscht und ohne Vorurteile zu erkennen. Es wird der ernsthafte Versuch unternommen, die Kultur der Kinder als fremde Kultur zu betrachten und (ethnologisch) zu untersuchen, wobei jedoch ein Einfluss der eigenen (erwachsenen) Kultur kaum zu vermeiden ist.

„Ähnlich wie in der Ethnologie begründet sich diese Fremdheit dreifach. Zum einen, da jeder Erwachsene einmal Kind war und dieser Kultur angehörte, rührt sein Fremdsein zu einem Großteil aus dem Vergessen und dem Verdrängen dieser Kultur in ihm selbst. (...) Zum anderen sind Kinder immer wieder anders, wie auch Menschen anderer Kulturen anders sind, anders denken und handeln. (...) Zum dritten unterscheidet sich jedes Subjekt durch seine persönliche Ontogenese von anderen Subjekten, auch bei gleichem historisch-kulturellem Hintergrund" (SCHÄFER 1997: 390-391)

Im folgenden möchte ich zwei Gründe darstellen, die es ermöglichen, Kinder als Fremde zu betrachten.

1) Aufwachsen unter anderen kulturellen Bedingungen

Die Kultur der Kinder wird immer häufiger als terra incognita erforscht. Eine Ursache hierfür sieht HENGST (1993:19) in den veränderten soziokulturellen Bedingungen.

„Weil die Gegenwart der Kinder nicht mehr wie in statischeren Gesellschaften weitgehend mit der Vergangenheit der Erwachsenen identisch ist und deren Gegenwart nicht mehr die Zukunft der Kinder darstellt, muss von einem neuartigen Generationenverhältnis ausgegangen werden" (1990: 196; 1993: 19).

Dies bedeutet nicht, dass Kinder ganz andere Wesen als Erwachsene sind. Die Erfahrungen, die sie machen, sind jedoch andere als die früherer Kindergenerationen. So wachsen Kinder heute beispielsweise mit der Allgegenwart des Fernsehens auf, wodurch sie mehr oder weniger gezwungen sind, mit vielen verschiedenen Kanälen – und damit verbunden mit unterschiedlichen Programminhalten – umzugehen. Die heutigen Erwachsenen kannten dieses Medium in ihrer Kindheit kaum. Je nach Alter gab es entweder überhaupt keinen Fernseher in der Familie, oder aber, wenn es zu einem späteren Zeit doch einen gab, hatte das damalige Kind mit einer wesentlich geringeren Programmauswahl zu tun. Da Kinder heute mit diesem Medium aufwachsen, können sie einen ganz anderen Bezug zu ihm entwickeln und haben andere Möglichkeiten, ihre Eigenwelt zu gestalten.

Die Eigenwelt der Kinder ist u.a. durch die neuen Medien eine völlig andere Eigenwelt geworden. Aus diesem Grund kann sie für den Forscher als fremd gelten.

Aus HENGSTS Aussage kann jedoch noch eine zweite Schlussfolgerung hinsichtlich einer Akzeptanz der Perspektive des Kindes gezogen werden. Die heutige Eigenwelt der Erwachsenen wird nicht die gleiche sein, wie die in der die heutigen Kinder einmal als Erwachsene leben werden. Da Kinder als Erwachsene also auch in einer anderen Welt leben werden, muss ihnen ein Mitspracherecht zugestanden und ihre Perspektive ernst genommen werden. Erwachsene haben aus diesem Grund nur in einem wesentlich geringeren Umfang die Möglichkeit vorherzusehen, welche Voraussetzungen für das gesellschaftliche Gelingen nötig sind. Sie können von daher nur Möglichkeiten schaffen, die den Kindern helfen, ihre Fähigkeiten auszubilden. Welche dies sind, hängt in unserer pluralen Gesellschaft sehr stark von den individuellen Interessen, Wünschen und Fähigkeiten der Kinder ab. So betont beispielsweise ZINNECKER (1995), dass neben der Schullaufbahn eines Kindes auch seine sogenannte 'Freizeitkarriere' eine große Rolle für die Ansammlung von kulturellem Kapital bildet.

Es gilt mittlerweile nicht mehr nur das Wissen, das Erwachsene bereits gewonnen haben, zu vermitteln, sondern auch die individuellen Fähigkeiten der Kinder stärker zu betrachten. Ein Weg dahin ist die Auseinandersetzung mit dem subjektiven Wohlbefinden[5] von Kindern, mit ihren aktuellen Bedürfnissen und Wünschen.

---

[5] Für GLATZER (1995) sind für die Lebensqualität von Kindern zwei Komponenten ausschlaggebend: Die objektiven Lebensbedingungen und das subjektive Wohlbefinden. Eine hohe Lebensqualität wird solchen Kindern zugesprochen, die ihr Wohlbefinden und ihre Lebensbedingungen positiv beurteilen, wobei letzteres auch von wissenschaftlichen Experten bestätigt werden muss. NAUCK, JOOS & MAYER (1997: 365) betonen jedoch das Fehlen einer eigenständigen kindzentrierten Perspektive, die notwendig ist, um die Verbindung zwischen den Lebensbedingungen von Kindern und ihrem subjektiven Wohlbefinden zu ermitteln.

2) Entwicklungspsychologische Besonderheiten

Kinder unterscheiden sich aufgrund ihrer entwicklungspsychologischen Besonderheiten von Erwachsenen, da sie im Rahmen ihrer Entwicklung erst verschiedene Fähigkeiten ausbilden. So sind Kinder laut Jo GROEBEL (1994)

> „(...)auch beim Medien- und besonders beim Fernsehkonsum nicht einfach kleine Erwachsene. Zwar wissen sie zum Teil mehr als Erwachsene über Programme, Inhalte und Personen im Fernsehen, doch ist dies nicht gleichzusetzen mit den Verarbeitungsprozessen, die jenen von Erwachsenen ähnlich oder gar mit diesen identisch wären. Verstehen von und emotionale Reaktionen auf Fernsehsendungen verlaufen in der Entwicklung der Kinder bis zum 12. Lebensjahr in Phasen, wie sie auch in deren Lebens- und Erfahrungsbereichen üblich sind. Entsprechend gehen kindliche Verstehensprozesse beim Medienkonsum 'vom Konkreten zum Abstrakten', d.h. erst später entwickelt sich die Fähigkeit, auch abstraktere Inhalte richtig zu verstehen und einzuordnen; zuerst werden die Bildinformationen in kleinen Einheiten wahrgenommen, später werden sie in immer größeren Einheiten zusammengefasst, in ihrem Kontext gesehen und verstanden" (203).

Nicht nur das Defizit von Fähigkeiten macht Kinder zu Fremden. Auch die Inhalte der Fähigkeiten, welche Kinder auf der Grundlage ihrer entwicklungspsychologischen Besonderheiten realisieren, unterscheiden sich von denen, die Erwachsene als Kinder ausgebildet haben. Da Kindheit im Laufe der Zeit durch immer andere Bilder vom Kind bestimmt wird, sind die Fähigkeiten, die ein Kind heute entwickelt, nicht dieselben, die ein Kind der vorherigen Generation ausgebildet hat. Geht man beispielsweise von einem Kind aus, das aktiv seine Entwicklung in die Hand nimmt, so muss auch davon ausgegangen werden, dass das Kind diese aufgrund der ihm zu Verfügung stehenden Möglichkeiten gestaltet. Da sich diese Möglichkeiten wandeln, verändern sich auch die Fähigkeiten, der Zeitpunkt wann sich diese Fähigkeiten ausbilden usw. und somit die Entwicklung des Kindes. So sind im Umgang mit dem Fernseher Kinder schon früh gezwungen, Fähigkeiten auszubilden, die sie sonst vielleicht erst später bzw. nicht in dem Maße erlangt hätten. LÜSCHER & LANGE (1998: 51) betonen beispielsweise in Anlehnung an BAACKE, dass für Kinder und Jugendliche die neue Entwicklungsaufgabe „Medienkompetenz im Informationszeitalter" entsteht, die sie sich zum größten Teil außerhalb von Erziehungseinrichtungen selbstsozialisatorisch aneignen.

Für die Forderung, aus der Perspektive des Kindes forschen zu wollen, ist es unabdingbar, Kinder als Fremde zu betrachten. Nur durch diese Sichtweise kann Kindern überhaupt eine eigene Perspektive zuerkannt und diese in den Vordergrund gerückt werden.

5.3 Die Auswirkungen der Sichtweise vom Kind als Fremden auf die Bilder vom Kind

Für SCHÄFER (1997) sind Bilder vom Kind „Leitfiguren des Denkens", die den konkreten Umgang mit Kindern vorstrukturieren und die für die Perspektive, unter denen Kinder betrachtet werden, verantwortlich sind.

> „Bilder, die wir uns von Kindern machen, Perspektiven, unter denen wir sie betrachten, sind die Möglichkeit des Erwachsenen, sich an die Stelle des Kindes zu setzen, um die Wirklichkeit aus dessen Blickwinkeln zu erfassen. Die historische Brechung dieser Bilder zeigt, dass wir uns immer im Bild befinden, nicht im Kind" (380).

Dies führt zu dem Paradox, dass einerseits Bilder, die Kinder zu etwas Bekanntem machen, und andererseits die Betrachtungsweise 'Kind als Fremder', die Kinder zu etwas Unbekanntem macht, zu Voraussetzungen werden, um die Perspektive des Kindes einnehmen zu können.

Aus diesem Paradox ergeben sich zwei Probleme:

1) Kinder könnten nicht als fremd angesehen werden, da sich die heutigen Bilder vom Kind aus den Bildern entwickelt haben, die für die Kindheit der heutigen Erwachsenen relevant waren.[6]

---

[6] Bei diesen Überlegungen darf nicht vergessen werden, dass auch die Sichtweise vom Kind als Fremden ein weiteres Bild vom Kind darstellt.

2) Der Forscher, der die Perspektive des Kindes ergründen will, hat bereits Erfahrungen mit Kindern gemacht, seien es seine eigenen Kindheitserfahrungen oder die, die er im Umgang mit Kindern gewonnen hat. Deshalb sieht er Kinder immer nur durch die Brille seiner Bilder, was es ihm eigentlich unmöglich macht, Kinder als Fremde zu betrachten.[7]

Einen Weg aus diesem Paradox sieht SCHÄFER (1997) darin, *das Kind als Fremden die Bilder stören zu lassen*.

> „Überladen von subjektiven, wissenschaftlichen und vielleicht auch historischen *Bildern*, steht der Pädagoge/Forscher vor dem Kind und will dessen Perspektive einnehmen. Will er nicht seine – gewiss wohlüberlegten – Perspektiven für die des Kindes ausgeben, muss er den Kindern erlauben seine Bilder zu *stören*, vielleicht zu zerstören. Die Perspektive des Kindes kommt also nicht in erster Linie in seinem emphatischen Bild, sondern in dessen Störung zur Geltung, wenn dies vom Pädagogen zugelassen wird. (...)Er muss den *Störungen* gestatten, sich in seine Wahrnehmungen und ihre Verarbeitung einzuhaken – und dies ohne Rache und Beleidigtsein. (...) Wer die Perspektive des Kindes im konkreten Fall zur Geltung bringen will, *kann also nicht – vor dem Hintergrund seiner Kinderbilder – einfach wahrnehmen, hören, was das Kind zeigt, tut oder sagt*. Er muss bereit sein, diese Bilder durch die Wahrnehmung auch *verändern* zu lassen. Das meine ich, wenn ich zusammenfasse, die wichtigste Fähigkeit eines Pädagogen auf der Spur des Kindes sei es, zuhören zu können (nicht die Antworten zu wissen)" (SCHÄFER 1997: 389-390; Hervorh. im Original).

---

[7] Aus diesen Gründen kann die Fremdheit der Kinder, wie SCHÄFER (1997) betont, nur bedingt aus dem Vergessen und Verdrängen der kindlichen Kultur im Erwachsenen selbst entstehen. Auch wenn ein Erwachsener nicht mehr nachvollziehen kann, was es bedeutet ein Kind zu sein, haben sich doch auf der Basis seines Kindseins in ihm Bilder entwickelt die einerseits für seine Anschauung von Kindheit ausschlaggebend sind und andererseits einen Einfluss auf die gegenwärtige Kindheit haben können.

5.4 Fazit

> „Die Perspektive des Kindes einzunehmen heißt also, über die Bilder hinauszugehen in einen Bereich der Fremdheit. Die Bilder stehen für das Vertraute, das uns Halt und Orientierung gibt, das Fremde aber für das Unüberschaubare, das Nicht-Begriffene, das pädagogisch nicht Zubereitete, welches – die Vertrautheit durchbrechend – einen Spielraum des Noch-nicht-Festgelegten aufreißt, den das Kind als autonom handelndes Subjekt ausfüllen kann. Sich auf die Suche nach der Perspektive des Kindes zu begeben heißt daher für mich, ein Bild von diesem Kind zu entwerfen und es zugleich als einen Fremden zu betrachten, welcher dieses Bild verneint" (SCHÄFER 1997: 393).

Bilder stehen für das Vertraute. Durch die Existenz von Bildern vom Kind werden Kinder für Erwachsene zu bekannten Wesen. Es wird ihnen ermöglicht, den Begriff Kind und das, was für die kindliche Entwicklung gut bzw. schlecht ist, zu definieren, so dass an die Gruppe der Kinder Zuschreibungen erfolgen können. Da Kindheit jedoch als konstruiert gilt, können diese Zuschreibungen keine allgemeine Gültigkeit haben. Dem Kind muss also die Möglichkeit gegeben werden, die bestehenden Bilder zu zerstören. Durch die Zerstörung der Bilder wird das Kind zu einem Fremden, wodurch nicht mehr definiert werden kann, was ein Kind ist und was gut bzw. schlecht für seine Entwicklung ist. Der Forscher muss versuchen, die Perspektive des Kindes einzunehmen, um so den Bedürfnissen von Kindern auf die Spur zu kommen. Da allerdings die Handlungen und Erkenntnisse eines Forschers immer durch seine Bilder vom Kind bestimmt werden, muss er sich diese vergegenwärtigen und seine Erfahrungen mit Kindern vor deren Hintergrund reflektieren. Die Übernahme der Perspektive des Kindes ist also immer nur der Versuch einer Annäherung an die kindliche Wirklichkeit.

Dadurch, dass der Forscher bewusst einen Zusammenhang zwischen den Erfahrungen herstellt, die er zum einen mit Kindern macht und die zum anderen auf seinen Bildern vom Kind beruhen, entstehen neue Bilder vom Kind, die die Erfahrungen, die mit den Bildern gemacht wurden, reflektieren. Da dem Kind eine aktive Beteiligung an der Erneuerung der Bilder zugestanden wird, wird ihm die Möglichkeit gegeben, die Zuschreibungen, die an Kinder gerichtet werden, die Rolle, die Kinder spielen und den Status, den Kinder einnehmen, zu verändern. 'Kindgerecht' wird so nicht mehr nur aus dem Blickwinkel der Erwachsenen, sondern auch aus dem der Kinder definiert.

Aus den Überlegungen zur Perspektive des Kindes lassen sich folgende Punkte zusammenfassen:

1) Der Wirklichkeit des Kindes kann sich nur angenähert werden. Eine Möglichkeit dieser Annäherung ist der Versuch aus der Perspektive des Kindes zu forschen.

2) Sinn und Zweck einer Forschung aus der Perspektive des Kindes ist es, den Wünschen und Bedürfnissen von Kindern im Hinblick auf die Lebensqualität von Kindern auf die Spur zu kommen.

3) Eine strikte Trennung zwischen Kindern und Erwachsenen ist notwendig, damit überhaupt erst ein Bewusstsein für die kindliche Eigenwelt entstehen kann.

4) Durch diese Trennung kann dem Forscher die Übernahme einer Perspektive des Kindes nicht gelingen, da er ein Erwachsener und das Kind ihm somit fremd ist. Dies dennoch zu versuchen ist jedoch wichtig, um von der erwachsenenzentrierten Perspektive loszukommen und die eigene Perspektive der Kinder anzuerkennen.

5) Erst durch die Anerkennung einer eigenen Sichtweise der Kinder kann ihnen die Möglichkeit einer Mitkonstruktion an Kindheit geben werden.

6) Die Idee der konstruierten Kindheit eröffnet die Möglichkeit, das Bild vom Kind von diesem selbst stören zu lassen. So wird ihm die Gelegenheit gegeben, vom passiven „Bewohner" der Kindheit zu einem aktiven „Konstrukteur" dieser Kindheit zu werden. Kinder erhalten die Möglichkeit, ihre Wirklichkeit mitzugestalten, mitzukonstruieren.

7) Voraussetzung für die Übernahme einer Perspektive vom Kind ist das Sichtbarmachen der Bilder vom Kind, damit diese einerseits durch die Kinder zerstört werden können und andererseits die Interpretationsgrundlagen von Untersuchungen erkennbar werden und mit in die Ergebnisse einfließen können.

8) Aus der Perspektive des Kindes forschen zu wollen, schließt jeden Versuch, Kinder im Hinblick auf dieses Bild formen zu wollen, aus.

III. DER EINFLUSS VON MARKT UND MEDIEN AUF DIE KONSTRUKTION VON KINDHEIT

6. Kinder: Eine Zielgruppe entsteht

Wie sich bestimmte Kindheitskonstruktionen historisch entwickeln, lässt sich am Beispiel Markt und Medien sehr gut darstellen. Mittlerweile wird davon ausgegangen, dass der Alltag von Kindern ohne die Einflussnahme durch Medien und Konsum nicht mehr denkbar scheint. Medien werden als wichtige Sozialisationsinstanz gesehen, die in der Lebenswelt von Kindern eine große Rolle spielen (MEISTER & SANDER 1997). Auch für die Werbung ist es laut BAACKE (1997) charakteristisch, dass sie „(...) inzwischen in die Alltagskulturen von Kindern und Jugendlichen eingedrungen und von ihnen als selbstverständlicher Bestandteil von Sozialisation erfahren wird" (18).[8] Das war jedoch nicht immer so.

> „Noch vor vierzig Jahren spielten Kinder als Käufer oder Konsumenten so gut wie keine Rolle. Sie sparten Geld, waren künftige Konsumenten. Wenn sie einkauften, dann sahen die Händler in ihnen nicht aktuelle Konsumenten, sondern Söhne und Töchter der eigentlichen, nämlich erwachsenen Kunden" (HENGST 1996: 121).

Dies spiegelt sich auch in der wissenschaftlichen Diskussion wieder. Veröffentlichungen über kommerzialisierte und mediatisierte Kindheit haben in den letzten Jahren stark zugenommen und die Untersuchungen medien- und werbespezifischer Themen in bezug auf die Zielgruppe Kinder werden immer zahlreicher. So können beispielsweise für den Bereich Medien die Studien von THEUNERT & SCHORB 1996, PAUS-HAASE 1998 und für den Bereich Werbung die Untersuchungen von CHARLTON u.a. 1995, KOMMER 1996, DJI 1997, BAACKE u.a. 1999 genannt werden.

Vor dem 2. Weltkrieg wurden Kinder noch ausschließlich als Nutzer von Produkten und Dienstleistungen, nicht aber als Käufer betrachtet. Auch wenn ihnen Geld zur Verfügung stand, konnten Kinder meist nicht frei über dieses entscheiden. Um die Jahrhundertwende war Taschengeld zunächst einmal „Spargeld und 'educational money'"(121).

> „Aus verschiedenen Ländern ist bekannt, dass Kinder in den späten Vierzigern nur ‚Probeeinkäufe' tätigen durften, dass die Eltern sich das Recht vorbehielten, gekaufte Waren zurückzubringen. Die paar Süßigkeiten und Limonaden, die sie erstanden, machten Kinder nicht zu einer attraktiven Zielgruppe des Marktes bzw. zu einem eigenen Markt" (HENGST 1996: 121).

Da Kinder beim Kauf wenig Entscheidungsfreiheit, waren sie für den Markt als Ansprechpartner uninteressant. Sie waren lediglich eine indirekte Zielgruppe, die nur über Erwachsene erreicht werden konnte. Käufer – und damit relevante Zielgruppe für die Händler – waren auch hinsichtlich der Kinderartikel vorwiegend die Erwachsenen. Es bestand kaum ein Interesse Werbung direkt an Kinder zu richtet und so war es charakteristisch, dass beispielsweise die Konsumentenzeitschriften sich mit ihrer Werbung für Kinderartikel an die Eltern wandten. Kommerzielle Vergnügungen wurden durch das Erziehungsprojekt gefiltert und von den Erwachsenen kontrolliert (120). Da Kinder ausschließlich als „Menschen in Entwicklung" (HONIG, LEU & NISSEN: 10) galten und nur im Hinblick auf das Erwachsenwerden charakterisiert wurden, fand auch das Erziehungsprojekt der Erwachsenen in den Marketingstrategien in großem Umfang Beachtung und „(...) wurde in den Sog der Vermarktung hineingezogen" (HENGST 1996: 120).

Noch 1993 betonten BAACKE, SANDER &VOLLBRECHT:

> „Die Fähigkeit der Informationsverarbeitung oder der Umsetzung von erfassten Informationen in eigenes Handeln ist von der kognitiven, emotionalen und motorischen Entwicklung abhängig. Werbung wird kaum versuchen, Kinder unter sechs Jahren direkt anzusprechen. Sie wendet sich in diesem Fall vielmehr an die Bezugspersonen der Vorschulkinder, vor allem die Mütter" (183).

Diese Ansicht ist inzwischen überholt, denn die Altersgrenze, ab der Kinder durch Werbung angesprochen werden, sinkt stetig. „Deutlich zeigt sich, dass nicht nur die sogenannten SKIPPIES, d.h. school kids with income and purchasing power und die FLYERS, d.h. fun loving youth, sondern auch schon die Gruppe der Vorschulkinder mit Werbung angesprochen werden" (BAACKE et. al. 1999: 77; Hervorh. im Original).

Der Bereichsleiter am Institut für Jugendforschung, Markt- und Meinungsforschung München, Jürgen MEIXNER (1994: 553), geht davon aus, dass sich Kinder bereits ab dem dritten Lebensjahr bewusst mit Werbung auseinandersetzen. Bereits Kleinkinder erkennen die durch den Fernseher vermittelten Marken wieder, da sie sich erste gestalthafte Symbole und Farbkombinationen einprägen. Des weiteren finden schon in diesem Alter im Kindergarten vielfältige Kontakte mit Gleichaltrigen statt, bei denen Kinder ihren Besitz an dem anderer Kinder messen können, wodurch erste Markenbesitzwünsche entstehen.

Auch bezüglich des Taschengelds hat sich einiges geändert. Laut NEUMANN-BRAUN & ERICHSEN (1995)[9] verfügen die sieben-12jährigen Kinder in Deutschland 1993 über eine Summe von 5,6 Milliarden DM.

> „Den Grundstock für diese Gesamtsumme bildet das Taschengeld, das die Kinder erhalten, in Höhe von 900 Millionen DM (durchschnittlich 20,- DM pro Kind/ Monat). Dazu kommen weitere 1,6 Milliarden DM an Geldzuwendungen und Geldgeschenken zu besonderen Anlässen (durchschnittlich 49,- DM pro Kind/Monat). Das sichere ‚Rücklagepolster' bildet ein Guthaben von 3,2 Milliarden DM auf den Konten der jungen Sparer (durchschnittlich 722,- DM pro Kind)" (27).

Der bloße Besitz von Geld macht Kinder jedoch noch nicht zu einer begehrten Zielgruppe, entscheidend ist vielmehr auch die freie Verfügbarkeit sowie die geplante Verwendung des gesparten Geldes. Auch wenn auch heute noch fast 70 Prozent der Kinder Teile ihres Geldes sparen

---

[9] unter Verwendung des Datenmaterials der Schüler-Mediaanalyse des Instituts für Jugendforschung 1993

(NEUMANN-BRAUN & ERICHSEN 1995: 27), machen die Sparziele (Fahrräder, Computer und Videospiele) deutlich, dass hierbei die Wünsche der Kinder und nicht unbedingt die der Eltern für die Kinder im Vordergrund stehen.[10] Kinder treten heute zunehmend „als eigenständige Konsumenten" (NEUMANN-BRAUN & ERICHSEN 1995: 28) auf und werden auch als solche wahrgenommen. Kinder haben eine neue ökonomische Rolle erhalten. Sie sind nicht mehr nur Lernende und Spielende, sondern auch Marktteilnehmer und Konsumenten und somit eine interessante Zielgruppe für den Markt.

Für HENGST (1994: 140) begünstigt eine Entpädagogisierung des Eltern-Kind-Verhältnisses die Verbesserung der (Ver-)Handlungs- und Gestaltungsspielräume der Kinder.

> „Der gegenwärtig beherrschende Trend der Konstruktion von Kindheit besteht darin, Kinder früh für fähig zu halten, ihre Bedürfnisse selbst einzuschätzen und, u.a. durch entsprechendes (Aus-)Wahlverhalten, ausdrücken zu können. Was sich in der Familie durchzusetzen scheint ist das Prinzip Unterstützung" (HENGST 1994:140).

Dem Wunsch der Erwachsenen, Kindern einen möglichst guten Start ins Leben zu ermöglichen, wird jedoch nach wie vor in der Werbung berücksichtigt. Allerdings ist neben das Erziehungsprojekt der Eltern das Autonomieprojekt der Kinder getreten. Die Erwachsenen bemühen sich, die eigenen Bedürfnisse und Wünsche der Kinder im Hier und Jetzt zu respektieren, was sich insgesamt gesehen auch in den Werbemethoden niederschlägt. Kinder sind zu einer direkten Zielgruppe des Marktes geworden, der mit Hilfe der Medien immer ausgeklügeltere Methoden entwickelt, diese anzusprechen. Vor allem durch neue Werbestrategien,

---

[10] Für die 6-9 Jährigen kommt die KidsVerbraucherAnalyse (vgl. Kapitel 5.2.2.2) zu ähnlichen Ergebnissen. Insgesamt sparen hier 33,6% der Kinder ihr gesamtes Taschengeld und 42,2% Teile ihres Taschengeldes. Als Sparziele rangieren Spielzeug; Computer- Elektronik- und Videospiele; Computer, PC, Zubehör, Programme; und

wie beispielsweise Merchandising, Programm-Length Commercials, Sponsoring und Game-Shows werden Kinder zu einer attraktiven Zielgruppe, die nicht mehr nur im Familienprogramm, sondern auch durch eigene Kindersendungen und -sender angesprochen werden, die sich meistens über Werbung finanzieren (MEISTER & SANDER 1997: 9).[11]

So ist ein Kinderwerbemarkt mit eigenen Strukturmerkmalen entstanden, an dem sich die historisch gewachsenen Kindheitskonstruktionen ablesen lassen.

6.1 Strukturmerkmale des Kinderwerbemarkts

6.1.1 Zielgruppendualität

Auch wenn Kinder zunehmend selbst als Ansprechpartner der Werbung fungieren, gerät das Erziehungsprojekt der Erwachsenen nicht in Vergessenheit. Dies zeigt sich deutlich an der Zielgruppendualität des Marktes, auf die auch die Fernsehsender eingehen. Obwohl die privaten Anbieter eher ökonomische, die öffentlich-rechtlichen eher inhaltliche Zielsetzungen haben, hat

> „(...) der Kampf um Einschaltquoten und Marktanteile natürlich nicht nur zu Abgrenzungsbestrebungen beider Systeme geführt, sondern selbstverständlich auch Angleichungen notwendig gemacht. Während privatrechtliche Unternehmen heute stärker als zuvor 'gute' Qualität und Gewaltlosigkeit für ihre Programme proklamieren, um marktfähig zu sein, haben die öffentlich-rechtlichen Anstalten inzwischen mit der morgendlichen Ausstrahlung von Zeichentrickserien begonnen und das Konzept der bei Kindern beliebten 'Clubsendungen' übernommen" (EßER 1995: 386).

TV-Geräte, Videorecorder, Videokamera auf den ersten vier Plätzen.

[11] Eine Ausnahme bildet hier „Der Kinderkanal von ARD und ZDF", der seit Anfang 1997 als erster öffentlicher Spartenkanal ein gewalt- und werbefreies Programm für Kinder bieten möchte. Weiterführende Literatur: DIE PROGRAMMKOMMISSION DES ARD/ZDF KINDERKANALS 1997; OBERST 1997.

Da für Kinderprodukte zwei Käufergruppen in Frage kommen, ist es zu einer Zweiteilung des Kinderwerbemarktes gekommen. Einerseits werden die Eltern angesprochen, damit diese ihren Kindern im Rahmen ihres zukunftsorientierten Entwicklungs-, Erziehungs- und Bildungsprojektes 'pädagogisch Wertvolles' kaufen, andererseits wird konkret die Zielgruppe der Kinder und ihr gegenwartsorientiertes Autonomieprojekt anvisiert (HENGST 1996: 118).

Dabei werden, wie die Studie von CHARLTON u.a. (1995) deutlich zeigt, die entwicklungspsychologischen Besonderheiten von Kindern gezielt in die Marketingstrategien eingebaut.

> „Vor dem Hintergrund der Zielgruppendualität lautet z.B. die Marketingdevise der ‚Benjamin -Blümchen' - Firma ITP: ‚Begeisterung wecken bei den Kindern, Akzeptanz erreichen bei den Eltern'. Die kindliche Begeisterung weckt die Firma ITP durch die Allgegenwärtigkeit des Elefanten auf dem Medien- und Konsummarkt und den damit verbundenen Synergieeffekten. Um die elterliche Akzeptanz zu erreichen, arbeitet das Unternehmen ITP mit einer PR-Agentur zusammen, die dafür sorgen soll, dass ‚Benjamin Blümchen' in allen Massenmedien als Ausnahmeerscheinung der Kinderunterhaltungsfiguren erwähnt wird" (NEUMANN-BRAUN & ERICHSEN 1995: 36).

Sehr deutlich ist diese Zielgruppendualität in Kinderzeitschriften zu erkennen. Da vor allem jüngere Kinder bei der Rezeption noch auf lesekundige Erwachsene angewiesen sind, lassen sich drei verschiedenen Ansprecharten herauskristallisieren.

1) Werbung, die sich an Eltern und Kinder richtet

Die Grenze zwischen den Ansprechpartnern ist vor allem in der Zeitschrift BUSSI BÄR fließend. BUSSI BÄR ist vorwiegend für drei- bis achtjährige Kinder konzipiert und gilt als „die erste wissenschaftlich empfohlene Spiel- und Vorschule", die sich „(...) stark auf die Wissensvermittlung (Rechnen, Schreiben, Tiere) und Verhaltensanleitung konzentriert" (Geretschlaeger 1994: 288).

Abbildung 2: Quadro-Gewinnspiel. In: BUSSI BÄR, Sonderausgabe Ostern 1999, S.31(verkleinert).

Auch wenn in dieser Anzeige (Abb. 2) Kinder im Text direkt angesprochen werden „mit QUADRO kannst **du** bauen, was **du** willst(...)" und mit Hilfe eines Gewinnspiels integriert werden sollen, sind sie bei der Vermittlung der Anzeige auf Erwachsene angewiesen. Die Dominanz des Textes macht ebenso wie die Anrede „Liebe Eltern", eine stärkere Ausrichtung auf Erwachsene sichtbar. Das Interesse der Kinder wird nur durch die Figur des BUSSI BÄREN und die Photographie des Quadro-Penthouses geweckt.

2) Werbung, die sich vorwiegend an Eltern richtet

Auch die folgenden Anzeigen wurden aus typischen Kinderzeitschriften entnommen. Die „mini LÜK"-Werbung (Abb. 3) knüpft direkt an die „pädagogische" Intention der Zeitschrift BUSSI BÄR an, wie bereits der Name LÜK (**L**erne, **Ü**be, **K**ontrolliere) belegt. Den Eltern soll der Eindruck eines „pädagogisch wertvollen" Spielzeugs vermittelt werden, das den Kindern Spaß beim Lernen bereitet. Die Ausrichtung auf das Erziehungsprojekt der Eltern ist unverkennbar.

In der Elmex-Werbung (Abb. 4) wird die Ausrichtung auf Eltern noch deutlicher. Der Text dominiert in dieser Anzeige und das fotografierte Kind scheint ausschließlich als Stilmittel zu fungieren, mit dem die Aufmerksamkeit der Erwachsenen geweckt werden soll. Der in einer kleinen Schriftgröße gehaltene Text soll eingehend über die Vorteile des Produktes zu informieren, um so den Eindruck von Seriosität zu schaffen und die besondere Bedeutung des Produktes für die Gesundheit des Kindes hervorzuheben.

Abbildung 3 (links): LÜK. In: BUSSI BÄR, Sonderausgabe Ostern 1999, S. 24. (verkl.)

Abbildung 4: ELMEX: In: Benjamin Blümchen 3/99, S. 21(verkl.).

3) Werbung, die sich vorwiegend an Kinder richtet

Für diesen Bereich wurden mit den Produkten „Barbie" (Abb. 5) und „Lego" (Abb. 6) zwei typische Beispiele gewählt, die in den verschiedenen Medien sehr häufig beworben werden. Beiden Werbeanzeigen ist gemeinsam, dass sie mit relativ wenig Text auskommen, der durch die auffällige bildliche Gestaltung sogar überflüssig erscheint und auch von „Nichtlesern" verstanden werden kann. Durch die farbliche Gestaltung wird die geschlechtsspezifische Ausrichtung der Anzeigen deutlich. Während die blau gehaltene „Lego"-Werbung Jungen anvisiert, richtet sich die Anzeige, welche die „Barbie" anpreist, mit ihrem pinken Grundton eher an Mädchen.

Abbildung 5: Barbie. In: Benjamin Blümchen 2/99, S. 21 (verkl.).

Abbildung 6: Lego. In: Benjamin Blümchen Nr.2/99, S. 11(verkl.).

6.1.2 Der Kinderwerbemarkt als Dreifachmarkt

Kinderwerbung ist für Produzenten und Anbieter nicht nur im Hinblick auf den Absatz von Kinderprodukten wichtig. In Anlehnung an James U. McNeal gliedert HENGST (1996) den Kinderwerbemarkt so auf, dass die verschiedenen Interessen, die an die Zielgruppe Kinder gerichtet sind, verdeutlicht werden. Die Einzigartigkeit des Kinderwerbemarktes sieht er darin, dass es sich um einen Dreifachmarkt handelt:

> „1) *ein Gegenstandsmarkt* (Kinder beanspruchen hier und heute eine Vielzahl von Konsumgütern und Dienstleistungen, sie verfügen über genügend Geld – und keineswegs nur über Taschengeld i.e.S.–, um dies zu finanzieren),
> 2) *ein Zukunftsmarkt* (Die Kinder von heute sind die Kunden von morgen. Sie entwickeln Markenbewusstsein, Kaufvorlieben, Praktiken etc., die sie zum Teil auch als Erwachsene beibehalten) und darüber hinaus
> 3) *ein Multiplikatorenmarkt* (Kinder beeinflussen z.B. in erheblichem Maße die Konsumgewohnheiten ihrer Eltern)" (HENGST 1996:123; meine Hervorh.).

Diese drei Faktoren können mit Hilfe der Analyse einer Tortenwerbung der Firma Coppenrath & Wiese anschaulich dargestellt werden.

Die Anzeige (Abb. 7) befand sich in der Ausgabe 1/98 der Zeitschrift Benjamin Blümchen, in der der gleichnamige Elefant eine tragende Rolle spielt. Es kann also davon ausgegangen werden, dass die rezipierenden Kinder die Merchandisingfigur Benjamin Blümchen favorisieren und als Bezugspunkt anerkannt haben. Obwohl sich die Anzeige der Firma Coppenrath & Wiese auf eine Tiefkühltorte bezieht, die – auch wenn sie hier als Kindertorte bezeichnet wird – eher als Erwachsenenprodukt gelten kann, spricht sie durch ihre Aufmachung und nicht zuletzt durch die Verwendung der Figur des Benjamin Blümchens eindeutig Kinder an. In der Anzeige dominieren die Bildelemente. Der vorhandene Text ist teilweise in einer kindertypischen Schrift (Schreibschrift) gehalten und auch das Zirkusszenario stellt eine für Kinder faszinierende Welt dar. Durch die direkte Ansprache der Kinder soll deren Mitspracherecht bei den Konsumgewohnheiten der Eltern im Rahmen des *Multiplikatorenmarktes* dazu benutzt werden, die Torte für Kinder interessant zu machen, damit diese ihre Eltern zum Kauf verleiten.

Abbildung 7: Coppenrath & Wiese Torte. In: Benjamin Blümchen 1/98, S.33 (verkl).

Im Hinblick auf den *Zukunftsmarkt* möchte Coppenrath & Wiese Kinder mit dem renommierten Markennamen bekannt machen, damit sie auch als Erwachsene den Artikeln der Firma treu bleiben.Diese Werbeanzeige kann ebenso hinsichtlich des *Gegenstandsmarktes* interpretiert werden, da Torten auch in der kindlichen Lebenswelt eine gewisse Bedeutung erhalten. Die Verwendung des Zirkusmotives weist auf eine Nutzungsmöglichkeit als Geburtstagstorte hin.

6.2 Fazit

Kinder haben sich erst in diesem Jahrhundert zu einer interessanten Zielgruppe für den Markt entwickelt und können in Verbindung mit dem immer stärker vernetzten Medienverbundsystem schon in jungen Jahren angesprochen werden. Für den Kinderwerbemarkt lassen sich folgende Zwischenergebnisse festhalten[12]:

1) Kinder sind gleichzeitig eine direkte und eine indirekte Zielgruppe der Werbung, so dass Werbung für Kinderprodukte an zwei Zielgruppen gerichtet werden kann, an die Erwachsenen - vor allem Eltern oder dem Kind nahestehende Erwachsene – sowie an die Kinder.

2) Für Marketingstrategien, die sich an Kinder richten, sind nicht nur die Produkte und Dienstleistungen, die Kinder selbst benötigen, relevant. Kinder werden schon früh mit Marken vertraut gemacht, damit sie auch als Erwachsene den Produkten dieser Marke treu bleiben bzw. diese als Erwachsene konsumieren. Außerdem haben Kinder mittlerweile einen gewissen Einfluss auf die Kaufgewohnheiten ihrer Eltern, so dass sie auch im Hinblick auf Erwachsenenprodukte für den Markt interessant sind.

---

[12] Mittlerweile macht sich bereits eine neuere Tendenz im Kinderwerbemarkt bemerkbar, die hier nicht weiter untersucht werden soll. Während vormals davon ausgegangen wurde, dass eindeutige Kinderprodukte von Eltern und Kindern gekauft, aber nur Kinder als Konsumenten in Frage kamen, wird in den Fernsehspots, in denen die Firma Ferrero ihre „kinder"Produkte (z.B. Kinderschokolade, Kinderriegel, Kinder Happy Hippo Snack) präsentiert, eine Zielgruppenumkehrung sichtbar. Da sich die Produkte, vor allem die „Kinderschokolade", in bezug auf Kinder bereits etabliert hat, wird nun der Versuch unternommen, auch Erwachsenen die Legitimation zum Konsum von Kinderprodukten zu geben, denn: Für Kinderschokolade ist man nie zu alt!

7. Separation und Partizipation

In diesem Kapitel möchte ich herausarbeiten, welchen Einfluss Medien als neues kognitives Wissen auf das Leben von Kindern haben und welche Bedeutung Kinder dem medial vermittelten Wissen zuweisen. Nach meiner These verändert sich deren Status dadurch, dass Medien, vor allem die audio-visuellen Medien (AV-Medien), ihnen einerseits neue Teilhabemöglichkeiten an der Welt der Erwachsenen ermöglichen. Andererseits bieten Markt und Medien Kindern jedoch auch die Gelegenheit, sich stärker von den Erwachsenen abzugrenzen.

Zunächst sehen diese beiden Punkte sehr widersprüchlich aus. Der Gegensatz zwischen Teilhabe und Separation kann jedoch durch die Klärung der Betrachtungsweise aufgehoben werden.

Wie ich in Kapitel 1 erklärt habe, wird Wissen in kognitives Wissen (was ich weiß) und in die Bedeutung, die diesem Wissen gegeben wird (wie ich etwas weiß) unterteilt. Dies hat für den Bereich Markt und Medien bezüglich der Beispiele Teilhabe und Abgrenzung folgende Konsequenzen:

1) Medien können zunächst als neue technologische Entdeckungen und demnach als rein kognitives Wissen betrachtet werden.

2) Medien vermitteln ihrerseits Wissen. Dieses Wissen kann jedoch nicht mehr ausschließlich als kognitives Wissen gesehen werden, da die Inhalte von beispielsweise Fernsehsendungen auf der Basis des sozialen Kontextes entstanden sind.

3) Das Wissen, das Medien vermitteln, wird von dem Rezipienten noch einmal durch dessen Brille betrachtet, gefiltert und interpretiert und erhält für ihn auf diese Weise eine individuelle Bedeutung.

Während sich das Beispiel Teilhabe eher auf den ersten Punkt bezieht und die neuen Medien tendenziell als kognitives Wissen betrachtet werden können, kann Separation auf der Ebene der Bedeutungszuweisung angesiedelt werden.

So wird beispielsweise der Fernseher zunächst als technologische Entdeckung gesehen, der neue Formen der Teilhabemöglichkeiten mit sich bringt (Punkt 1). Die Abgrenzungsmöglichkeiten, die Kinder durch diese neue Art der Teilhabe erhalten, entstehen auf der inhaltlichen Seite, also z.B. durch die Programme, die Kinder sehen (Punkt 2). Im Vordergrund steht hier die Frage, wie Kinder das von Medien und Markt vermittelte und bereits sozial gefärbte inhaltliche Wissen aufgreifen, welche Bedeutung sie ihm verleihen und welchen Einfluss dies auf die Kultur der Kinder hat (Punkt 3).

So kann der Gegensatz zwischen Separation und Teilhabe aufgelöst und Abgrenzung als Folge neuer Teilhabemöglichkeiten gesehen werden.

Aus diesem Grund möchte ich im folgenden zunächst näher auf die beiden Beispiele eingehen. Im Anschluss werde ich die Ergebnisse auf den in Kapitel 2.4 erarbeiteten Theorieentwurf übertragen, um so den Einfluss von Markt und Medien auf die Stellung der Kinder deutlich zu machen.

7.1 Medien als Möglichkeit der Teilhabe

7.1.1 Medien als neues kognitives Wissen

Ein Aspekt, der auf das sich wandelnde Bewusstsein von Kindheit und die Entstehung der Zielgruppe Kinder einen entscheidenden Einfluss hat, ist sicherlich die Veränderung der Medienlandschaft durch den Fernseher. Durch seine Entwicklung stößt neues Wissen auf die Gesellschaft, das sich wesentlich auf die Rolle der Kinder auswirkt.

Obwohl auch die Teilnahme an der Fernsehkommunikation spezifische Fähigkeiten voraussetzt, die erst im Verlauf der Entwicklung und in Auseinandersetzung mit dem Fernseher erworben werden müssen (HENGST 1991; THEUNERT u. a.1995),

> „(...) haben die Angebote der AV-Medien bestimmte Vorzüge, die den kindlichen Rezeptionsspezifika entgegenkommen. Hier stellt insbesondere die Abkehr von schriftlicher Informationsvermittlung durch den verstärkten Einsatz von Bildern und gesprochener Sprache eine wesentliche Zugangserleichterung für Kinder dar. Kinder verstehen Bilder und gesprochene Sprache leichter (und auch früher) als eine auf abstraktem Niveau durch Schriftzeichen kodierte Botschaft" (MATTUSCH 1995: 395).

Im Gegensatz zum Buch kann der Fernseher auch schon von Vorschulkindern ohne große Probleme per Knopfdruck bedient werden. So werden ihnen bereits in jungen Jahren Informationen zugänglich, die ihnen sonst bis zum Erwerb der Lesefähigkeit verschlossen geblieben wären. Bereits vor dem Eintritt in das offizielle Lernsystem, können Kinder sich nun zu vielen kulturellen Elementen Zugang verschaffen (HENGST 1996: 126).

Konsequenz: Durch die einfache Bedienung und die Verwendung von Bildern und gesprochener Sprache, erhalten Kinder Zugang zu Informationen, die ihnen eine umfassendere Teilhabe an der Welt der Erwachsenen ermöglichen.

7.1.2 Die Bedeutung der Medieninhalte

7.1.2.1 Kinderprogramm versus Erwachsenenprogramm

Ganz pauschal lässt sich das Fernsehprogramm in zwei Kategorien einteilen: Kinderprogramm und Erwachsenenprogramm[13].

---

[13] Mir ist bewusst, dass durch diese Zweiteilung das sogenannte Familienprogramm, obwohl es einen großen Rahmen im kindlichen Fernsehkonsum einnimmt, zunächst unberücksichtigt bleibt. Für mich zählt Familienprogramm, da es nicht speziell für die Zielgruppe Kinder gestaltet wurde, der einfachheithalber zum Erwachsenenprogramm.

Unter Kinderprogramm verstehe ich in Anlehnung an EßER & MATTUSCH (1994) Sendungen, „(...) die speziell für Kinder produziert oder von einer Zielgruppenredaktion verantwortet werden" (363). Zur Bestimmung von ‚Kinderprogramm' stellt KLEIN (1994: 373) folgende Kriterien auf:

- Selbstdefinition des Kinderprogramms durch die Sender,
- Sendeplatz,
- Sendungsinhalte und deren Zielgruppe,
- Ausstrahlung der Sendung als Kinderprogramm in einem anderen Sender oder zu – einem anderen Zeitpunkt,
- Zeichentrick, das von Kindern bevorzugte Genre.

Als Erwachsenenprogramm bezeichne ich Sendungen, die für Erwachsene gemacht und bestimmt sind und von KRUSE & TARNOW (1995) als „heimliches Kinderfernsehen" (417) ausgewiesen werden. Laut NEUMANN-BRAUN & ERICHSEN (1995) schauen die meisten Kinder zu Zeiten fern, an denen kein Kinderprogramm geboten wird.

> „Rund 1,5 Millionen Kinder schauen sowohl sonn- wie wochentags zwischen 18 und 20 Uhr fern, und bis zu zwei Millionen Kinder beschäftigen sich am Samstagabend von 20 bis 22 Uhr mit dem Fernsehen" (29).[14]

Im Rahmen einer Rezeptionsstudie untersuchte AUFENANGER (1993) 60 Familien mit mindestens zwei Kindern im Alter zwischen 4 und 14 Jahren.[15] Ein Ergebnis der Studie war, dass nur ein Drittel der befragten Eltern und Kinder gemeinsam fern schauen und dies auch nur dann, wenn kein spezielles Kinderprogramm, sondern Erwachsenenprogramm angeboten wird (104).

---

[14] NEUMANN-BRAUN & ERICHSEN beziehen sich hier auf Angaben von Feldmeier (1994).
[15] Die Familien wurden nicht repräsentativ ausgewählt, so dass die Ergebnisse nur mit Vorsicht verallgemeinert werden dürfen.

Bezüglich der Teilnahme von Kindern am Fernsehprogramm kristallisieren sich demzufolge vier Möglichkeiten heraus, auf die ich jedoch an dieser Stelle nicht weiter eingehen möchte:

1) Kinder schauen alleine und von Erwachsenen unabhängig Kinderprogramm.

2) Kinder schauen zusammen mit Erwachsenen bzw. durch Erwachsene reglementiertes Kinderprogramm.

3) Kinder schauen alleine und von Erwachsenen unabhängig Erwachsenenprogramm.

4) Kinder schauen zusammen mit Erwachsenen bzw. durch Erwachsene reglementiertes Erwachsenenprogramm.

Obwohl der Fernseher einfach zu bedienen ist, und Eltern nicht mehr die gleichen Kontrollmöglichkeiten wie beispielsweise bei Printmedien haben, bedeutet dies nicht, dass sie keinerlei Einfluss auf den Fernsehkonsum ihrer Kinder haben. Im Gegenteil: Der Umgang der Eltern mit und deren Meinung über Medien hat vielfältige Auswirkungen auf den Fernsehkonsum der Kinder. Welche der vier Möglichkeiten in der Familie präferiert wird, hängt beispielsweise stark von der persönlichen Einstellung der Eltern und den Regeln, die sie ihren Kindern im Hinblick auf den Fernsehkonsum und die Programminhalte auferlegen, ab. Auch die Vorbildfunktion der Eltern ist zum einem im Hinblick auf die Einstellung zu den Inhalten, wie KOMMER (1996) am Beispiel Werbung zeigte[16], und zum anderen im Be-

---

[16] Gemeint ist hier die grundsätzliche Einstellung gegenüber Werbung. Laut KOMMER (1996: 180) ist die Haltung von Kindern gegenüber Werbung kritischer, wenn die Eltern den Kindern vermitteln, dass sie Werbung kritisch gegenüberstehen. Dies hat jedoch wie CHARLTON u.a. (1995a) zeigen, keinerlei Auswirkung auf das Werbeverständnis von Kindern. „Entscheidend für die Werbekompetenz ist vielmehr das Alter des Kindes und seine Seherfahrung" (74).

reich des Mitschauens von Kindern während des elterlichen Fernsehkonsums, nicht zu unterschätzen.

Konsequenz: Kinder sehen nicht nur für sie gestaltetes Kinderprogramm, sondern auch Erwachsenenprogramm. Außerdem gibt ihnen der Fernseher die Möglichkeit, sich in einem gewissen Rahmen der Kontrolle der Erwachsenen zu entziehen. So gelangen auch schon Vorschulkinder unabhängig von Erwachsenen an medial vermittelte Informationen. Durch das Schauen von Erwachsenenprogramm und dem autonomen Umgang mit dem Fernseher erhalten Kinder die Möglichkeit, in größerem Maße an der Welt der Erwachsenen teilnehmen zu können.

7.1.2.2 Medien als Kompetenzvermittler

Medien dienen nicht nur der Unterhaltung, sondern vermitteln durchaus auch Kompetenzen, die Kinder in bestimmten Fällen zu Experten werden lassen.

> „Manche Eltern beobachten, oft verständlicher- und richtigerweise nicht ohne Stolz, wie ihre Kinder mit den Medien zurechtkommen und durchaus ein stimmiges Maß des Umgangs entwickeln" (LANGE & LÜSCHER 1998: 10).

HENGST (1990) betont, dass die Erfahrungen, die Kinder mit den Medien, mit neuen Technologien und kommerzieller Kultur machen, möglicherweise zukunftsrelevanter sind als das, was sie unter pädagogischer Betreuung lernen (196).

Vor allem in bezug auf den Computer, der laut MATTUSCH (1995) durch die Einbindung in den Prozess der Informationsvermittlung und des Wissenserwerbs als Freizeitbeschäftigung akzeptabel geworden ist, wird Kindern oft ein *Wissens- und Erfahrungsvorsprung zugesprochen*. „Viele Eltern sehen sogar den Umgang ihrer Kinder mit dem Computer als einen potentiellen Vorteil für das spätere Berufsleben" (110).

Aber nicht nur der Umgang mit Medien, sondern auch Medieninhalte vermitteln Kindern Wissen, das sie kompetenter werden lässt und ihnen neue Möglichkeiten der Teilhabe am gesellschaftlichen Leben eröffnet.

So werden Kinder laut HENGST (1998) beispielsweise im Rahmen ihrer Partizipation immer öfter von Kommunalpolitikern, Ortsämtern und Gemeindeparlamenten aktiv in die Planung ‚kinderfreundlicher Initiativen' einbezogen. Durch die umfassende Mediatisierung und Kommerzialisierung der Sportmoden konnten Kinder durch die Tipps in Fachzeitschriften, Videos, die Einarbeitung von Scriptelementen in beliebten Sitcoms und Soap Operas usw. auch Wissen über das Thema Sport erwerben und waren dadurch bei der Planung von Sportparks in der Lage, konkrete und professionelle Beiträge zu leisten, die sie zu *gleichberechtigten Verhandlungspartnern der Erwachsenen* werden ließen (8).

Konsequenz: Durch den Umgang mit den Medien und dem Wissen, das diese Kindern vermitteln, können sie einen Expertenstatus erwerben, der ihnen auch in Verhandlungen mit Erwachsenen ein Mitspracherecht einräumt und sie in bestimmten Bereichen zu gleichberechtigten Verhandlungspartnern der älteren Generation machen kann. Auf diese Weise erhalten sie die Möglichkeit der Partizipation an Gesellschaft.

7.1.2.3 Pädagogisches versus ökonomisches Interesse

Wo früher „(...)ein Großteil fernsehmedialer Offerten als Vehikel für pädagogische Ambitionen diente, so dienen sie heute zur Durchsetzung primär ökonomischer Zwecke" (MATTUSCH 1995: 401). Vor allem durch das Aufkommen der privaten Fernsehanbieter verändert sich die Medienlandschaft, denn nun spielen nicht mehr nur die Zuschauer, sondern auch die Werbewirtschaft eine entscheidende Rolle bei der Programmgestaltung.

> „Dichtgedrängt bevölkern Werbespots für Spielwaren und Süßigkeiten die Werbeinseln. Das Kinderprogramm dient hier nicht primär dazu, dem Unterhaltungsbedürfnis der Zielgruppe gerecht zu werden, sondern wird zum Umschlagplatz für die Ideen und Interessen der werbetreibenden Wirtschaft" (HOLLSTEIN 1995: 162).

Für das Kinderprogramm sind nicht mehr nur pädagogische, sondern vor allem ökonomische Aspekte und kommerzielle Interessen ausschlaggebend. „Es rücken Fragen nach marktgerechten Produktionsstrategien und

Vertriebsmöglichkeiten in den Mittelpunkt (MATTUSCH 1994: 540). Programme sollen Gewinne einspielen und dienen deshalb vor allem als Umfeld für Werbeplazierungen. Mit der Etablierung der AV-Medien wird laut MATTUSCH (1995: 397) eine Infrastruktur geschaffen, die einer Kommerzialisierung von kindlichem Spiel und dem Bedürfnis nach Geschichten auf ideale Weise Vorschub leistet.

> „Damit deutet sich ein Zusammenhang an, der Medienangebote für Kinder in besonderer Weise in den Kontext profitabler Verwertbarkeit rückt. Auch darin drückt sich letztlich eine Grundhaltung gegenüber Kindern in unserer Gesellschaft aus. Medienangebote können insofern bestimmte Kindheitskonzepte, die in einer Gesellschaft entworfen werden, widerspiegeln. Sie können als Indikator für bestimmte Grundhaltungen von Erwachsenen Kindern gegenüber gelten" (397).

So wird deutlich, dass das Programm, das Kindern geboten wird, durch das vorherrschende Bild vom Kind geprägt ist. Dieses Bild kann, wie beispielsweise die verschiedenen Ausrichtungen der Fernsehsender belegen, unterschiedlich sein. Auch wenn mittlerweile eine Angleichung stattfindet[17], wird bei den öffentlich-rechtlichen Sendern eine pädagogische Intention sichtbar, während bei den privaten Sendern das kommerzielle Interesse überwiegt. Im ersten Fall werden Kinder so eher zu schützenswerten Objekten, die einen eigenen werbe- und gewaltfreien Kinderkanal benötigen, im zweiten Fall werden sie zu gleichberechtigten und autonomen Konsumenten, die, durch ein auf Kinder zugeschnittenes Programm, an den Sender gebunden werden und so Werbeeinnahmen einbringen sollen.

Vor allem zu den sogenannten Randzeiten sind Kinder ein begehrtes Publikum. Durch die Verwendung von billig produzierten und bei Kindern beliebten Zeichentrickfilmen, kann diese Zielgruppe an für andere Zuschauer unbeliebten Zeiten sehr direkt durch Werbung erreicht werden. So zeigt

---

[17] vgl. Kapitel 6.1.1 Zielgruppendualität

sich, dass vor allem frühmorgens und am Wochenende vermehrt Cartoons gesendet werden (SCHORB 1996: 9; BEST 1996: 75).

AUFENANGER (1995) hält als Ergebnis einer quantitativen Programmanalyse fest, dass zu Sendezeiten des Kinderprogramms auch sehr gezielt Kinderwerbung gesendet wird.

> „Der massive Einsatz von Kinderwerbespots[18] einzelner Firmen konzentriert sich auf wenige Sender und dabei besonders noch auf jene Zeiten, in denen Sendungen ausgestrahlt werden, die kindliche Zuschauer bevorzugen. Vor allem an Samstag- und Sonntagvormittagen konzentrieren einige Firmen (z.B. Mattel und Nintendo) den Einsatz ihrer Kinderwerbung" (82).

Konsequenz: Durch die Expansion der privaten Sender, die sich durch Werbeeinnahmen finanzieren, werden Kinder zunehmend in Werbestrategien involviert und können so in größerem Umfang die Möglichkeit zu Marktteilnehmern werden.

7.1.3 Neue Teilhabemöglichkeiten durch den Markt

Diese Gelegenheit, die vor allem das Fernsehen Kindern bietet, macht sich der Markt zunutze, der auf diese Weise eine neue Zielgruppe gewonnen hat, die er mit immer ausgeklügelteren Strategien zu erreichen versucht. Dies bedeutet, dass auch der Markt Kindern neue Formen der Teilhabe ermöglicht und zwar mit positiven wie auch negativen Konsequenzen.

Da Kinder einerseits immer mehr als autonome Konsumenten angesprochen und ihnen andererseits aufgrund ihrer Qualifikationen und Kompetenzen eigene Entscheidungen zugetraut werden, macht man sie zu aktiven Marktteilnehmern. Durch den Akt des Kaufens sowie den Besitz und Konsum von Waren wird ihnen eine neue Möglichkeit der Teilhabe an

---

[18] Unter einem Kinderwerbespot versteht AUFENANGER (1995: 48) einen Werbespot, in dem für ein Kinderprodukt geworben wird. Kinderwerbung meint hingegen Spots, in denen für Kinderprodukte geworben wird sowie alle Spots (also auch Erwachse-

der Erwachsenenwelt und am technischen Fortschritt eröffnet (ROGGE 1985; KÜBLER 1994; MAYER 1998).

„Negativ gesehen kann die Teilhabe für die kindliche Entwicklung eine Überforderung und Belastung darstellen, wenn Spielzeug nicht altersgemäß eingesetzt wird und die Kinder dadurch das Vertrauen in ihre Fähigkeiten verlieren" (MAYER 1998: 107). Und KÜBLER (1994) weist darauf hin, dass auch diese Waren zu dem Konsumarsenal gehören, „(...) das Außenorientierung und Sozialattribuierung, Prestigezuweisung und Gruppenanerkennung bei Kindern wie bei Erwachsenen heraufbeschwört und steuert." (12).

Konsequenz: Da Kinder hinsichtlich des Marktes zu aktiv Handelnden werden, verleiht auch dieser ihnen neue Teilhabemöglichkeiten an der Welt der Erwachsenen.

7.1.4 Fazit

Kinder sind als Zielgruppe im großen Umfang erreichbar geworden. Sie können direkt angesprochen werden und haben durch den Einfluss von Markt und Medien eine neue und umfassendere Möglichkeit der Teilhabe, die aus Sicht der Erwachsenen sicher kritisch zu betrachten ist. Den Kindern werden jedoch auf jeden Fall neue Handlungsspielräume eröffnet, die nicht immer mit den erzieherischen Absichten der Erwachsenen in Einklang gebracht werden können.

Eine Möglichkeit, wie Kinder diesem Wissen, das sie aus der neuen Form der Teilhabe erhalten, Bedeutung verleihen, ist die Abgrenzung von den Erwachsenen.

---

nenwerbespots) in denen Kinder mitwirken.

7.2 Markt und Medien als Abgrenzungsmöglichkeiten für Kinder

7.2.1 Die Bedeutung der Gleichaltrigengruppe

Wie ich bereits dargelegt habe, gewinnt die Existenz einer kindlichen Eigenwelt in der Sichtweise der Erwachsenen immer mehr an Bedeutung[19]. Dieser Bedeutungszuwachs ist auch hinsichtlich des besonderen Stellenwertes der Abgrenzung von Kindern von Interesse.

Die Existenz einer kindlichen Eigenwelt setzt einen Unterschied zur Erwachsenenwelt voraus und bedingt, dass Kinder diese in Eigenregie und ohne das Zutun der Erwachsenen erschaffen bzw. nutzen. Durch die besondere Anerkennung dieser Eigenwelt gewinnt auch die Gleichaltrigengruppe eine neue Bedeutung. So vollzieht sich beispielsweise die Schaffung einer Kultur der Kinder vorwiegend in der Gleichaltrigengruppe. Kinder erhalten so zwei Bezugssysteme, zum einen die Familie (und hier vor allem die Eltern, mit denen sie in einem Abhängigkeitsverhältnis stehen) und zum anderen die Gleichaltrigengruppe (in der Interaktionen zunächst auf einem gleichberechtigten Level ablaufen können[20]). Die Zuordnung zu einer Gleichaltrigengruppe setzt jedoch in einem gewissen Rahmen die Abgrenzung von den Eltern bzw. von den Erwachsenen voraus. In der Gleichaltrigengruppe können Kinder die Eigenständigkeit behaupten, die ihnen von Erwachsenen bis dahin verwehrt wurde und die sie nun auch in diesem Verhältnis immer stärker bewahren möchten.

---

[19] vgl. Kapitel 5.1   Die kindliche Eigenwelt
[20] Dies soll nicht außer Acht lassen, dass es unter Kindern Hierarchien gibt. Allerdings haben Kinder in der Gleichaltrigengruppe die Möglichkeit diese auszuhandeln, während im Verhältnis zu den Eltern ein Machtgefälle vorgegeben ist.

Laut HENGST (1994: 136-139) gewinnt die Gleichaltrigengruppe für Kinder eine größere Bedeutung, da sie immer mehr in einer horizontalen Gesellschaft aufwachsen. Schon früh verbringen Kinder, beispielsweise durch den mittlerweile zur Regel gewordenen Kindergartenbesuch, viel Zeit mit Gleichaltrigen. Durch diese gemeinsamen Erfahrungen werden sich Kinder nach HENGSTs These noch ähnlicher, als sie es aufgrund ihres biologischen Alters bereits sind.

Auch Markt und Medien sind an dieser Tendenz beteiligt, da sie zu der Entstehung von virtuellen[21] Gruppen beitragen. Kinder machen schon in jungen Jahren Erfahrungen mit den Medien, Erfahrungen, die sie mit ihren Alterskameraden teilen. Durch ihre Ähnlichkeit entwickeln Kinder einen „kulturellen Code" (139), der sie auf die Angebote des Marktes oft auf gleicher Weise reagieren lässt. Wie HENGST (1994) betont, haben gemeinsame Konsum- und Medienvorlieben eine „(...)identitätsstiftende, solidarisierende, sympathetische Bedeutung. Man ordnet sich über sie (den Gleichaltrigen) zu und grenzt sich (von den Erwachsenen) ab" (139). So wird beispielsweise die Barbie zu einem bedeutsamen Symbol innerhalb des Freundeskreises und ist aus diesem Grund nicht durch eine andere Puppe austauschbar.

Auch BAACKE u.a. (1999: 20) betonen eine zentrale Bedeutung der Gleichaltrigengruppe.

> „Kinderkultur heißt heute gemeinsame Erfahrungen von Markt und Medien. In der horizontalen Gleichaltrigengesellschaft werden Ablösungsprozesse initiiert. Das Kind separiert sich von den Eltern durch semantische Differenzen: Der Stoff, aus dem die (Kinderkultur) Träume sind, bleiben den Erwachsenen oft fremd und verschlossen. Die peergroup bleibt unter sich – ein in identitätstheoretischer Hinsicht wichtiges Moment. Es entsteht eine Eigen- oder Gegenwelt der Gleichaltrigen im Rahmen des Konsummarkts, indem die Kultur der Kinder und die Kultur

---

[21] „Das sind Gruppen, die nicht direkt miteinander kommunizieren, sondern aufgrund gemeinsamer Interessen, Gefühle, Mentalitäten über den Äther an Medienmoden etc. teilhaben" (HENGST 1994: 136).

für Kinder ineinander übergeführt werden" (Charlton/ Neumann-Braun u.a., zit. n. BAACKE u.a. 1999: 20)[22].

7.2.2 Abgrenzungsmöglichkeiten durch Markt und Medien

7.2.2.1 Kinder nutzen Medien anders als Erwachsene (denken)

Zwischen der kindlichen Nutzung von Medien und der Auffassung von Erwachsenen besteht seit jeher ein Unterschied. Dies beweisen nicht nur heutige Diskussionen um Fernsehinhalte. Bereits in den 60er Jahren sorgte die Debatte um das Bilderbuch „Wo die wilden Kerle wohnen" von Maurice Sendak für Aufregung.

> „Das Buch wurde nach seinem Erscheinen von Fachleuten stark kritisiert. Die Darstellung der wilden Kerle erschien den Kritikern zu schrecklich, als dass man sie Kindern zeigen sollte. Die Begeisterung, mit der Kinder dieses Buch aufgenommen haben, bezeugt jedoch genau das Gegenteil. Kinder wollen es immer wieder betrachten. Sie wollen sich mit ihm auseinandersetzen und von der Hauptperson Max und seinen ungeheuerlichen Taten hören (...)" (BICKLER 1992: Ms.)[23]

Auch KRUSE & TARNOW (1995) gehen davon aus, dass die Einschätzungen der Erwachsenen sich oft nicht mit denen der Kinder decken. „Ereignisse, die Erwachsenen vollkommen harmlos erscheinen, rauben Kindern mitunter den Schlaf. Umgekehrt machen sich die Großen oft Sorgen über Dinge, die die Kleinen vollkommen kalt lassen"(417). So wird Graf Zahl aus der 'kindgerechten' Sesamstraße zum Angstobjekt, während die Leichen aus Bonanza zum Lachen anregen (ROGGE 1990: 43). Eltern reagieren häufig mit Unverständnis, wenn Kinder Medieninhalten anders begegnen, als sie es von ihnen erwarten. Die Gründe für die unterschiedlichen Sichtweisen von Erwachsenen und Kindern liegen zum Teil darin begrün-

---

[22] Das Zitat konnte wegen einer falschen Quellenangabe leider nicht in seinem ursprünglichen Zusammenhang nachgelesen werden.
[23] Über den heutigen Umgang von Kindern mit diesem Buch vgl. BICKLER (1996).

det, dass Kinder durch ihre entwicklungspsychologischen Besonderheiten anders mit Medien umgehen als Erwachsene.

Laut CHARLTON & NEUMANN (1986: 32-53) vollzieht sich die Sozialisation und Individuation des Kindes auch in Auseinandersetzung mit den Medien. Das Kleinkind ist noch in einem großen Maß auf Bezugspersonen angewiesen und nähert sich den in einem Bilderbuch abgebildeten Gegenständen nur in konkreter Interaktion mit der Bezugsperson. „Soziales Interesse (Interaktion mit dem Erwachsenen) und kognitives Interesse (Identifizieren und Benennen von Objekten) sind durch die soziale Situation (setting), nicht aber durch die Medienbotschaft selber miteinander verknüpft" (45). Das Kleinkind interessiert sich noch nicht für die mitgeteilte Geschichte, sondern nur für den vertrauten Gegenstand. Eine in den Medien *immerwiederkehrende Figur*, wie z.B. Benjamin Blümchen, weckt also im besonderen Maße das Interesse des Kindes. Später ist es dem Kind möglich in eine para-soziale Interaktion mit der Medienfigur zu treten. In dem es sich mit dem „vertrauten Fremden" auseinandersetzt, kann das Kind neue Handlungsmuster erfahren und in seiner Phantasie risikolos neue Rollen erproben. „Gerade jüngere Kinder finden Sendungen auch deshalb besonders attraktiv, weil diese identifizierbare Personen oder Figuren präsentieren, zu denen der Aufbau einer ‚sozialen' Bindung möglich ist" (GROEBEL 1994: 204).

Während Erwachsene einem Handlungsstrang folgen wollen, geht es Kindern vor allem um das *Erleben* einer Sendung. „Kinder wollen ‚ihre' Filme nicht rational verstehen, sie wollen sie ganzheitlich empfinden" (ROGGE 1990: 45). Sendungen werden für Kinder dann interessant, wenn sie mitgehen können, in den Strudel der Ereignisse hineingezogen werden oder sie sich in Personen hineinversetzen können. Eine innere Beteiligung der Kinder zeigt sich häufig in ihrer Gestik und Mimik sowie ihren verbalen Äußerungen. Allerdings können die Bilder des Fernsehens Kinder gerade wegen dieses gefühlsbetonten Mitgehens überfordern, so dass zur

Ausbildung einer Filmlesefähigkeit auch die Entwicklung von Distanzierungstechniken zählt (61).

Genau wie lesen, will also auch fernsehen gelernt sein (ROGGE 1990; GROEBEL 1994; THEUNERT u.a. 1995).

> „Um das Fernsehen in adäquater Weise nutzen zu können, müssen die Kinder neben ihren geistigen und sozialen, spezifische fernsehbezogene Fähigkeiten ausbilden. Fernsehangebote zu verstehen, markiert sozusagen eine weitere Entwicklungsaufgabe, die in den übrigen Entwicklungsprozess integriert ist" (THEUNERT u.a. 1995: 45).

Kinder lernen erst mit zunehmenden Alter, *Realität und Fiktion* voneinander zu trennen. Erst gegen Ende des fünften Lebensjahres werden Trickfiguren von den meisten als unecht eingestuft (THEUNERT u.a. 1995: 51).

Im Vorschulalter können Kinder Handlungsverläufen und Erzählmustern oft noch nicht in der 'erwachsenengewohnten Weise' folgen. Jüngere Kinder verstehen beispielsweise abstrakte Fernsehinhalte nicht. Eine Einordnung in den Gesamtverlauf ist ihnen in dieser Phase nicht möglich. Ihre Verstehensprozesse gehen laut GROEBEL (1994: 203) „vom Konkreten zum Abstrakten", so dass Bildinformationen nur in kleinen Einheiten und einzelnen Szenen wahrgenommen werden. Aus diesem Grund achten die Kleinsten oft auf Nebensächliches. Eine Verbindung verschiedener Szenen gelingt erst ab dem Vorschulalter (THEUNERT u.a. 1995: 52). Noch bis zum achten Lebensjahr haben Kinder laut ROGGE (1990: 44) Probleme, Haupt- von Nebenhandlungen sowie räumliche und zeitliche Handlungsabfolgen zu unterscheiden. Auch die Entwicklung der Fähigkeiten vom peripheren Sehen zur Wahrnehmung zentraler Inhaltselemente ist für das inhaltliche Begreifen von Bedeutung (GROEBEL 1994: 206-207). Wenn das Interesse des Kindes in irgendeiner Weise geweckt wird, kann es sein, dass Randfiguren, die für die Geschichte eigentlich unwesentlich sind, für das Kind zu einem wesentlichen Inhaltselement werden.

Für Kinder werden Medienerlebnisse und Figuren dann besonders interessant, wenn sie diese auf ihre gegenwärtige Situation übertragen können.

> „Erst indem ein konkretes Kind einer Sendung, einem Thema oder einem Helden eine Bedeutung zuweist, werden diese für das Kind bedeutsam. (...) Ein Kind eignet sich ein Medienthema an, indem dies zu seinem Thema wird, indem es sich in den Handlungen wiederfindet und diese in Beziehung zu eigenen Alltagsereignissen stellt. Wie Kinder Medien nutzen, ist von vielen Faktoren, von Alltags- und Umwelterfahrungen, von Alter und Entwicklungsbesonderheiten abhängig (...)" (ROGGE 1990: 56).

Auch CHARLTON & NEUMANN (1986: 46) betonen *einen themenspezifischen Umgang* des Kindes mit den Medien. Dies machen sich natürlich auch die Werbefachleute zu nutze. Die Themen, mit denen sich alle Kinder auseinandersetzen (z.B. entwicklungspsychologische Themen wie der Erwerb der Geschlechtsrolle) werden vermehrt in die Werbestrategien aufgenommen und wecken so das Interesse des Kindes.

Konsequenz: Da Kinder im Rahmen ihrer Entwicklung und im Umgang mit dem Fernseher erst spezielle Fähigkeiten ausbilden müssen, haben sie einen anderen Zugang zu den Medien, der in den Marketingstrategien aufgegriffen wird.

7.2.2.2 Markt und Medien gehen auf die andersartigen Nutzungsweisen von Kindern ein

Kinder unterscheiden sich also auch im Medienkonsum von Erwachsenen, weil sie im Rahmen ihrer Entwicklung erst Fähigkeiten ausbilden. Das Fehlen dieser Fähigkeiten wird heute nicht mehr nur als Defizit hinsichtlich des Erwachsenen betrachtet, sondern kann durchaus auch als ein Mittel der Kinder verstanden werden, mit dessen Hilfe sie sich von den Erwachsenen abgrenzen und ihre eigene Welt schaffen.

> „Die neuen Angebote schließen Eltern und Erwachsene von der Teilnahme an der Phantasiewelt der Kinder in höherem Maße aus als frühere Medienprodukte, und sie fördern bereits in frühen Lebensjahren die Entwicklung übereinstimmender alters- und generationsspezifischer Geschmacksbildungen und Medienvorlieben" (HENGST 1994: 144).

Während die Zeichentrickfilme wie „Biene Maja", „Heidi" und „Pinocchio" laut HENGST (1994: 143-144) noch auf der Basis klassischer Kinderliteratur entstanden sind und Angehörige verschiedener Generationen aufgrund von Kindheitserinnerungen vor dem Fernseher gefesselt haben, begünstigen die neuen Cartoons oft die Abgrenzung der Kinder von den Erwachsenen. Trickserien wie beispielsweise die „Turtles" oder die „Masters of the Universe" sind häufig durch Teilanimation so gestaltet, dass sie den entwicklungspsychologischen Besonderheiten der Kinder besonders gut entsprechen. Sich wiederholende Handlungssequenzen, einprägsame Charaktere und die klar in gut und böse unterscheidbaren Welten, lassen u.a. diese Serien für Kinder interessant werden. Den Erwachsenen fehlt hierzu der Zugang, so dass ihnen nur Ablehnung und Desinteresse für die Serie bleibt, die in der Kinderkultur möglicherweise eine besondere Bedeutung erhält.

Die Medien- und Kulturindustrie bietet Kindern mit Hilfe dieser Serien Scripts (HENGST 1991: 32-35) an, die von verschiedenen Medien und Requisiten transportiert werden.

> „Der Script-Begriff steht für Kohärenz, für eine verbindende Symbolik, eine sich durchhaltende Identität von Grundstrukturen und Elementen, für einen durch Plots, Akteure, Figuren, Requisiten, Regieanweisungen, Kulissenangaben etc. vorstrukturierten Spiel-, Lern- und Erlebniszusammenhang" (HENGST 1991: 33-34).

Für HENGST (1991) sind Scripts „die Drehbücher für Prozesse der Sozialisation in eigener Regie" (34), die vor allem in der Peer Group stattfindet. Sie ermöglichen Kindern den Rahmen für neue Spielhandlungen, da diese die vorgegebenen Handlungen nicht einfach nur nachspielen, sondern sie auf ihre jeweilige Situation beziehen, erneuern und mit ihnen improvisieren (RÖNNBERG 1993). Laut LANGE & LÜSCHER (1998: 71) scheinen Neuheiten aus der Werbe- und Konsumwelt ein Anregungspotential für die Kommunikation der Kinder zu bieten.

Produkte zu bestimmten Fernsehserien werden zu Prestigesymbolen, die dem Kind Anerkennung in der Gleichaltrigengesellschaft verschaffen.

Konsequenz: Da für Kinder andere Medieninhalte als für Erwachsene interessant sind, bieten ihnen die Scripts der Medienindustrie die Möglichkeit, sich von den Erwachsenen abzugrenzen. Die neuen Animationsserien erschweren den Erwachsenen den Zugang zu der Phantasiewelt der Kinder und auch die speziellen Sendezeiten[24] – wie beispielsweise das Vormittagsprogramm für Kinder – begünstigen ebenfalls die Trennungslinie zwischen Erwachsenen und Kindern.

7.2.3 Eine neue Art der Kultur entsteht: Die Kultur der Kinder in Wechselwirkung mit Markt und Medien

Die Scripts, die Medien Kindern anbieten, richten sich gezielt auf wichtige Bereiche der Kinderkultur. Durch die speziell auf Kinder abgestimmte Auswahl der Stoffe, Figuren und Präsentationsformen, wird der kindliche Wunsch nach Spiel und Geschichten in einem noch nie dagewesenen Ausmaß erfüllt (MATTUSCH 1995: 396). Wie MEISTER & SANDER (1997: 10) betonen, werden die Trends und Moden in der Kinderkultur zunehmend von Werbestrategien begleitet, so dass Markt und Medien einen immer größeren Einfluss auf diese erhalten. „Das geflügelte Wort einer 'Kinderkultur' meint heute zugleich 'Konsumkultur'" (MEISTER; SANDER 1997: 9).

Für HENGST (1996: 129) wird so die Zweiteilung in eine Kultur für Kinder und eine Kultur der Kinder unzureichend. Kinder erhalten durch die Ausweitung von Markt und Medien aus der Richtung der Erwachsenen einen Verbündeten für ihr Autonomieprojekt, der sich wenig mit den pädagogischen Bestrebungen des Erziehungsprojektes in Einklang bringen lässt. Neben der Kultur für Kinder und der Kultur der Kinder ist eine dritte Kin-

---

[24] vgl. Kapitel 7.1.2.3   Pädagogisches versus ökonomisches Interesse

derkultur entstanden, die HENGST (1994: 135) als *gegenwartsorientiertes Unterhaltungsprogramm* bezeichnet.

Diese Kultur kann zwischen das Erziehungsprojekt der Erwachsenen und der von Kindern selbst geschaffenen Kultur angesiedelt werden, da sie ja zunächst einmal von Erwachsenen gestaltet, also für Kinder gemacht wird. Da die 'marktorientierten Erwachsenen' allerdings andere Zielsetzungen verfolgen, als die 'pädagogisch orientierten' kommen nun andere Überlegungen zum Zuge, die nicht mehr mit einem pädagogischen Interesse der Erwachsenen gerechtfertigt werden können, sondern vielmehr die Autonomiebestrebungen der Kinder gegen diese unterstützt. So gelten z.B. für das Fernsehprogramm nicht mehr ausschließlich – nach erwachsenen Maßstäben – erzieherisch wertvolle Richtlinien. Der quantitative Absatz von Konsumgütern und die Einschaltquoten der Kinder sind oft für die Ausstrahlung ausschlaggebend.

7.2.3.1 Markt und Medien als Verbündete des Autonomieprojekts der Kinder

Für Kinder ist die heutige Konsumkultur wegen zweier Punkte interessant, weil:

> „1. sie ihren im Ärgernis der Kindheit (klein, abhängig, machtlos sein) begründeten Wunsch nach einer utopischen Freiheit von Erwachsenenautorität, Zukunftsorientierung etc. aufgreift und immer wieder neu inszeniert, und
>
> 2. weil sie ihre Zugriffs- und Kontrollmöglichkeiten erweitert" (HENGST 1996: 128).

Den Erfolg der Markt- und Medienangebote sieht HENGST (1994) darin begründet, dass diese „Verbündete im Kampf gegen das Entwicklungs- und Erziehungsprojekt"(128) werden und Kinder aus traditionellen Abhängigkeiten befreien. Auch PAUS-HAASE (1998: 281-282) führt an, dass Medien für Kinder als Instrumente der Abgrenzung fungieren, da sie „ (...)als Ausdrucksmittel 'eigenständiger' Kultur, als Verbindungsglied zwischen Freunden und Gruppen (...)" (282) dienen. Medien vermitteln durch ihren anonymen, nicht erzieherischen Stil genau wie die

Gleichaltrigen eher ichstärkende Strategien, als es Erwachsenen möglich wäre, weil Kinder ja gerade Erwachsenen gegenüber ihre Eigenständigkeit behaupten wollen (RÖNNBERG 1993: 51).

Als einen Vorreiter dieses Kindermarktes nennt HENGST (1996) den Mattel-Konzern, der als größter Hersteller von Spielzeugwaffen die Sichtweise des Erziehungsprojektes als erster in seinen Strategien ignorierte. „Der Konzern setzte darauf, dass die Kinder ihren Eltern, wenn schon nicht das erzieherisch wertvolle Spielzeug ausreden, so doch die Mattel-Produkte abringen würden" (122).

7.2.3.2 Wechselwirkung zwischen der Kultur der Kinder und dem Markt

Trotz des starken Einflusses, den Medien und Markt auf das Leben von Kindern und ihrer Kultur haben, spielen Kinder keineswegs nur eine passive Rolle, sondern sind auch aktiv an den Bewegungen dieser beiden Instanzen beteiligt. Obwohl es einige strategische Maßnahmen gibt, die eher erfolgversprechend sind, können Markt und Medien Scripte dennoch nur anbieten. Ob diese Angebote von den Kindern wahrgenommen werden, ist auch durch eine vermehrte Anwesenheit der Figuren im Mediensystem nicht unbedingt garantiert. Es scheint

> „(...) nach wie vor kaum möglich, der Kinderkultur in jedem Fall und um jeden Preis von außen Trends zu ‚diktieren'. Eine ‚Trendverstärkung', die einen einmal in der Zielgruppe entstandenen Trend, für dessen Entstehung eine Vielzahl von Faktoren ausschlaggebend ist, zusätzlich verstärkt, hat dagegen gute Erfolgschancen. Mit Hilfe weit ausgreifender Medienverbundsysteme kann es sogar zu einem ‚Megatrend' kommen, der dann für einen gewissen Zeitraum weite Teile der (kommerziellen) Kinderkultur prägt" (KOMMER 1996: 188).

Trotz großer Investitionen und sorgfältig geplanter Kampagnen kommen immer wieder Fehlschläge vor, wenn die Charaktere bei den Kindern nicht die erhoffte Bedeutung erlangen. Ein Beispiel das KOMMER (1996) und KAGELMANN (1994) nennen, ist die Neuauflage von „Batman" Ende der 80er Jahre. Zu diesem Zeitpunkt wurde ein weiterer Spielfilm über die Comicfigur gedreht, der mit einer „generalstabsmäßig geplanten Merchandising-Kampagne" (KAGELMANN 1994: 526) verbunden wurde. Die erwarteten Gewinne blieben jedoch aus, weil der Film in Deutschland nicht den Erfolg hatte, den man erwartete. Auch bei den bekannten 'Masters of the Universe'-Figuren gab es Misserfolge. Weder das Comicmagazin noch die Zeichentrickserie wurden von Kindern im erwarteten Maß angenommen (531). Andererseits beweist das „Dino-Fieber" (KÜBLER 1994: 7), das nach Spielbergs „Jurassic-Park" ausbrach, wie weit Merchandising Produkte in die Kultur der Kinder eindringen können. Doch auch hier hatten nicht alle Produzenten den richtigen Riecher:

> „Im Vorfeld der Produktion von 'Jurassic Park' vertraten einige große Spielwarenkonzerne die Meinung, dass dem Thema 'Dinosaurier' kein Markterfolg vergönnt sei und verzichteten auf den Kauf von Lizenzen. Dies hat sich inzwischen als eine Fehleinschätzung erwiesen und die entsprechenden Konzerne um Millionenumsätze gebracht" (KOMMER 1996: 188).

Im Fall des Films E.T. mussten die Forschenden sogar zunächst von den Kindern über die Bedeutung einer Filmszene aufgeklärt werden, die das BMX-Fahrrad zu einem Symbol der Kinderkultur machte (HENGST 1990: 205).

Konsequenz: Wie Kinder auf bestimmte Vorgaben reagieren, ist also nicht immer vorauszusehen, auch wenn bestimmte Kriterien eher für eine Akzeptanz sorgen. Medien, Markt und Kinderkultur[25] stehen also in einer Art Wechselbeziehung, in der jeder Teil auf den anderen einwirkt.

---

[25] An dieser Stelle wurde bewusst der Begriff Kinderkultur gewählt, denn nicht nur die Kultur der Kinder, auch die Kultur für Kinder hat hier ihren Anteil, wie das bereits erwähnte Beispiel des Benjamin Blümchens zeigt.

7.3 Die Anwendung des Theorieentwurfes: Der wechselseitige Einfluss des Marktes/der Medien und der Stellung der Kinder

„Mit dieser technischen Revolution, die sich in den Kinderzimmern vollzieht, verändern sich auch Status und Handlungsfelder von Kindern. Vor allem aber eines scheint sich zu wandeln, und dies sind die Absichten, die in diesem Zusammenhang an Kinder herangetragen werden. Überspitzt könnte man sagen: in dem, was eine Gesellschaft oder ihre Mitglieder ihren Kindern als Erfahrungsraum und an Handlungsmöglichkeiten zur Verfügung stellt, dokumentiert sich auch das Interesse, das eine Gesellschaft an Kindern hat" (MATTUSCH 1995: 396-397).

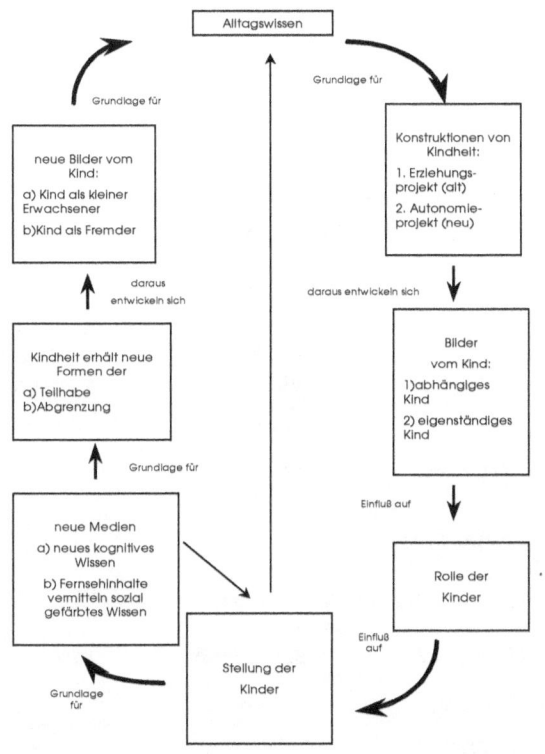

Alltagswissen

1) Kinder sind sich entwickelnde Persönlichkeiten, die erzogen werden müssen.

2) Allerdings sind mittlerweile auch die momentanen Bedürfnisse, Wünsche und Meinungen von Kindern bedeutsam, so dass sie zu einer Zielgruppe des Marktes werden können (Kapitel 3).

Konstruktionen von Kindheit

1) Kindheit ist eine Vorbereitungsphase hinsichtlich des Erwachsenseins (Erziehungsprojekt der Erwachsenen).

2) Kindheit spielt sich in der Gegenwart ab und gibt Kindern verschiedene Möglichkeiten, diese zu erleben (Autonomieprojekt der Kinder).

Bilder vom Kind

1) Kinder werden hinsichtlich ihrer Entwicklung betrachtet, in deren Rahmen sie die Hilfe und den Schutz von Erwachsenen benötigen.

2) Das Kind wird als Subjekt gesehen, das eigenständig Handeln kann und Mitspracherecht sowie individuelle Bedürfnisse hat.

Beide Konstruktionen von Kindheit und beide Bilder vom Kind werden vom Markt aufgenommen und finden ihre Widerspiegelung in den Medieninhalten (Kapitel 4) und Marketingstrategien (Kapitel 3)

Rolle der Kinder

Von Kindern wird erwartet, dass sie

1) sich im Hinblick auf ihr Erwachsenendasein qualifizieren (lassen)

2) diese Qualifikationen und die Art ihres Erwerbs auch eigenständig in die Hand nehmen.

Stellung der Kinder

Neben der passiven gesellschaftlichen Rolle, die Kinder als schutz- und hilfebedürftigen Wesen definiert, tritt eine aktive Rolle, in der Kindern in einem gewissen Rahmen Einfluss ermöglicht wird. Nach meiner Definition führt dies zu einer Aufwertung der Stellung der Kinder.

Markt und Medien haben so eine neue Zielgruppe gewonnen, die direkt von ihnen angesprochen werden kann. Es entstehen beispielsweise neue kinderspezifische Fernsehprogramme und -sender, neue Produkte und neue Marketingstrategien, die sich an Kinder richten.

Wissenschaftliches Wissen

Die neuen Medien (zunächst der Fernseher, mittlerweile auch der Computer etc.) werden als neue wissenschaftliche Entdeckungen in das Alltagsleben integriert.

Welche Medieninhalte wie an Kinder gerichtet werden und in welcher Form der Markt darauf eingeht, hängt vom vorherrschenden Bild vom Kind ab.

Konstruktionen der Kindheit durch Markt und Medien

Da Kindheit sich nun in Auseinandersetzung mit Markt und Medien gestaltet, verändern sich die Konstruktionen von Kindheit. Die Medien verändern Kindheit

a) auf der kognitiven Seite: z.B. neue Möglichkeiten der Teilhabe an Wissen,

b) auf der Bedeutungsebene: z.B. neue Möglichkeiten der Abgrenzung

Bilder des Marktes und der Medien vom Kind

Durch den Umgang mit Medien und durch Medieninhalte erhalten Kinder Wissen, das sie kompetent werden lässt. Sie können einen Expertenstatus erwerben und zu gleichberechtigten Verhandlungspartnern der Erwachsenen werden. Kinder erhalten Mitspracherecht und die Möglichkeit, eigenständig tätig zu werden. *Kinder werden für Markt und Medien zu kleinen Erwachsenen,* die als eigenständige Konsumenten behandelt werden.

Markt und Medien setzen bewusst Strategien in Anlehnung an die kindlichen Besonderheiten ein, so dass beispielsweise Medieninhalte Kindern neue Formen der Abgrenzung ermöglichen. Die Unterschiede zwischen Kindern und Erwachsenen werden betont: *Kinder werden für Erwachsene zu Fremden.* Dies machen sich Markt und Medien zunutze, indem sie versuchen die Perspektive der Kinder zu übernehmen, um die Ergebnisse der Untersuchungen gezielt in ihre Strategien einbauen zu können.

7.4 Fazit

Die neuen Medien ermöglichen Kindern neue Formen der Teilhabe und der Abgrenzung, die sich wesentlich auf die Stellung, die ihnen von verschiedenen Instanzen zugemessen wird, auswirkt.

Am Beispiel Teilhabe konnte gezeigt werden, dass die neuen Medien den Kindern einen *Zugang zu Informationen* eröffnen, die ihnen bis dahin verschlossen waren. Sie können unabhängig von Erwachsenen Wissen und damit verbunden einen *Expertenstatus* erlangen, so dass ihnen in bestimmten Bereichen *Mitspracherecht* eingeräumt wird und sie in manchen Fällen für Erwachsene zu gleichberechtigten Verhandlungspartnern werden können. Daraus folgt, dass die Trennungslinie zwischen Erwachsenen und Kindern zu verschwinden scheint: *Kinder können als kleine Erwachsenen gesehen werden.*

Durch das Beispiel Abgrenzung wird deutlich, dass Kinder zu den Informationen, die ihnen geboten werden, einen anderen Zugang zu Wissen erhalten als Erwachsene. Sie nehmen z.B. die Medieninhalte anders auf, für sie sind andere Medieninhalte interessant und sie gehen anders mit den Informationen um, die sie erhalten. Die Trennungslinie zwischen Erwachsenen und Kindern wird größer: *Das Kind wird für den Erwachsenen zum Fremden* und wird von Markt und Medien als solcher untersucht.

8. Eigenständigkeit und Instrumentalisierung

Medien dürfen nicht nur als neue Technologien oder als Übermittler von Wissen betrachtet werden, sondern auch als Instanz in der Wirklichkeiten konstruiert werden. Medien schaffen und arbeiten ganz gezielt mit bestimmten Bildern. In diesem Kapitel sollen an Beispielen die von den Medien genutzten sowie die medial vermittelten Bilder vom Kind analysiert und mit den Bildern der Kindheitsforschung verglichen werden. Ziel ist es an dieser Stelle die inneren Strukturen und die Handlungsweisen der Medien und des Marktes bezüglich der Zielgruppe Kind aufzudecken und zu reflektieren.

8.1 Kinder als eigenständige Zielgruppe

Wenn von Kindern als Konsumenten die Rede ist fallen immer häufiger Sätze wie beispielsweise:

- „In den Reklamewelten werden die Kinder selbst, immer deutlicher und penetranter als *(erwachsene, selbständig einkaufende) Kunden* hofiert und die Eltern angeregt, so mit ihren Kindern umzugehen" (KÜBLER 1994: 434; Hervorh. von mir).

- „Die, die den Markt machen und kontrollieren, *behandeln Kinder als Käufer und Konsumenten grundsätzlich wie Erwachsene (...)*" (HENGST 1996: 128; Hervorh. von mir).

- „*Kinder als Kunden* werden von klein auf von den Anbietern sehr ernstgenommen und *wie Erwachsene behandelt*" (MAYER 1998: 107; Hervorh. von mir).

Und auch wenn NEUMANN-BRAUN & ERICHSEN (1995) im Merchandising und der herausragenden Bedeutung des Medienverbundsystems eine

Besonderheit des Kinderwerbemarktes sehen, kommen sie, nach der Analyse der bei der Zielgruppe Kind zur Anwendung gebrachten Werbemethoden, zu dem Schluss, dass diese sich nicht grundsätzlich von denen unterscheiden, die auf dem Markt für Erwachsenenprodukte verwand werden (38). Damit Kinder als Zielgruppe angesprochen werden können, benötigen Markt und Medien also selbständig agierende Kinder, die sich mit eigenen Konsumwünschen gegenüber den Erwachsenen durchsetzen, frei über Taschengeld verfügen können und innerhalb der Familie und gegenüber Erwachsenen Mitspracherecht haben. Um Kinder als Zielgruppe betrachten zu können und diese noch weiter zu festigen, haben Markt und Medien ein starkes Interesse daran, die Autonomie von Kindern zu stärken. Dies bedeutet, dass sie eigentlich von dem Bild „das Kind als kleiner Erwachsener" ausgehen müssten, da Kinder als gleichberechtigte Konsumenten gebraucht werden.

Es stellt sich jedoch die Frage inwieweit Kinder wirklich als kleine Erwachsenen bzw. als ernstgenommene Zielgruppe behandelt werden.

8.1.1 Kinder – eine ernstgenommene Zielgruppe?

Dass Kinder als Käufer ernstgenommen werden und die Tendenz besteht, sie als Konsumenten den Erwachsenen gleichzusetzen, bedeutet nicht, dass alle Bedürfnisse und Wünsche von Kindern neben die der Erwachsenen gestellt werden.

Eine Analyse des Kinderprogramms und der Kinderwerbung zeigt dies ganz deutlich. Wie ich bereits dargestellt habe[26], schauen die meisten Kinder zu Zeiten fern, an denen kaum Kinderprogramm gesendet wird. Die für sie relevanten Programme, wie beispielsweise Zeichentrickserien, laufen zu sogenannten Randzeiten und zwar meistens am frühen Morgen. Wenn Kin-

---

[26] vgl. Kapitel 7.1.2.1 Kinderprogramm versus Erwachsenenprogramm

der vermehrt vor dem Fernseher sitzen läuft ein Programm, das eher auf eine erwachsene Zielgruppe abzielt, denn abends, davon gehen z.B. KRUSE & TARNOW (1995: 431) aus, scheint das Mitspracherecht der Kinder bezüglich der Programmauswahl recht gering zu sein. Außerdem soll zu diesem Zeitpunkt eine möglichst breite Zielgruppe angesprochen werden, was mit einem speziellem Kinderprogramm kaum möglich scheint.

Nach einer Programmanalyse der Sender ARD, ZDF, RTL plus und SAT. 1 kam AUFENANGER (1993: 36) hinsichtlich der sechs- bis 14jährigen u.a. zu folgenden Ergebnissen:

- In den Hauptsehzeiten gibt es kaum ein angemessenes Angebot für diese Altersklasse.
- Im Vorabend- und Abendprogramm spielen Kinder als Darsteller eine kleine Rolle.
- Sie werden jedoch in Talk- und Spielshows sowie in Musiksendungen öfter miteinbezogen.
- Themen über Kinder werden in Informations- und Bildungssendungen wenig behandelt.

Dies zeigt, dass die Sendungen im Hauptprogramm auch inhaltlich kaum auf Kinder zu geschnitten sind. Kinder und kindliche Themen treten nur am Rande in Erscheinung. Laut Aufenanger (1993: 82) werden Kinder, obwohl sie in Spiel- und Fernsehfilmen eher in untergeordneten Rollen auftauchen, dort noch am realistischsten dargestellt. In Talkshows, Spiel- und Musiksendungen werden sie hingegen in vielen Fällen *nicht als Personen wahrgenommen.*

Im Mittelpunkt des Abendprogramms steht die Erwachsenenwelt. Es fehlen die für Kinder wichtigen Inhalte, die ihnen Anknüpfungspunkte an den Alltag, Orientierungs- und Identifikationsmöglichkeiten bieten. (KRUSE & TARNOW 1995: 431).

In der Studie von CHARLTON u.a. (1995) untersuchte AUFENANGER (1995) während einer Sommerwoche und einer Woche in der Vorweihnachtszeit die Kinderwerbung[27] der Sender ARD, ZDF, RTL, SAT.1, RTL 2, Pro 7, Kabelkanal und Vox zwischen 6 und 22 Uhr quantitativ. Als Ergebnis konnte er u.a. festhalten, dass

- sich in der Vorweihnachtszeit ca. 1/3 der Werbespots aus Kinderwerbung zusammensetzen.

- Auch wenn Kinderwerbung häufig gezielt in das Kinderprogramm eingebettet wird, wird sie nicht nur zu diesen Zeiten gesendet, sondern ist zu allen Tageszeiten im Fernsehprogramm präsent.

- In Kinderwerbespots spielen Kinder überwiegend eine Hauptrolle, in Werbespots mit Kindern eher eine Nebenrolle.

AUFENANGER; KÜHN u.a. (1995) führten in dieser Studie auch eine qualitative Analyse der Kinderwerbung durch, in deren Rahmen sieben Kinderwerbspots mit Kindern und je zwei Kinderwerbespots ohne Kinder bzw. Erwachsenenwerbespots mit Kindern sowie stellvertretend für Werbung innerhalb des Programmangebots vier Kinderspielesendungen untersucht wurden. Als Ergebnisse konnten u.a. folgende festgehalten werden:

- Kindliche Themen haben bei der Gestaltung von Kinderwerbespots eine große Bedeutung.

- Auch wenn Kinder in den analysierten Werbespots oft die Hauptrolle spielen, haben sie für die zentrale Aussage des Spots kaum eine Bedeutung. „Sie erscheinen dann oftmals nur noch als *Lückenfüller bzw. als Staffage* für einen auf das Produkt zielenden Handlungsablauf" (160).

---

[27] vgl. Fußnote 18 Definition Kinderwerbung

- Eine gleichberechtigte Darstellung von Kindern und Erwachsenen wird nicht festgestellt, vielmehr ist eher eine Umkehrung des Generationenverhältnisses zu finden, indem Kinder wie Erwachsene agieren bzw. über diese dominieren. „Nicht der vordergründig vorgeführte partnerschaftliche Umgang konstituiert die Beziehung, sondern scheinbar kompetente Kinder deuten die Situation und bestimmen den Handlungsverlauf" (159-160).

- Kinder werden im Handlungsverlauf der Werbespots kaum ernstgenommen. „Nur wenige Spots zeigen clevere Kinder, die sich autonom gegenüber der Erwachsenenwelt verhalten, ohne dass gleich ein häufig vorzufindendes Umkehren des Generationenverhältnisses konstatiert werden muss" (182).[28]

- In den Kinderspielesendungen scheinen die Aufgaben meistens nicht altersangemessen zu sein, vielmehr wird eine Unterforderung der Kinder festgestellt. Die Lösung der Aufgaben scheint außerdem kaum eine Relevanz für die Sendung zu haben, da den spielenden Kindern oftmals geholfen wird bzw. ungenaue Antworten als richtig akzeptiert werden.

- Die Präsentation der Produkte orientieren sich in manchen Fällen an einer 'Professionalität' die dem Erwachsenenprogramm ähnelt.

Zusammenfassung

Die Analysen des Fernsehprogramms und der Werbespots machen, dass Kindern die im Vorfeld betonte Eigenständigkeit nur teilweise zugestanden wird. Eine aktive Rolle erhält diese Zielgruppe nur als Konsument.

---

[28] Allerdings ist auch hier mittlerweile eine neue Entwicklung zu beobachten. Die Anzahl der Spots, die clevere und eigenständige Kinder zeigen steigt. Als Beispiel kann hier die Fruchtzwergewerbung von Danone dienen, in der ein Junge Erwachsene und Kinder austrickst, ohne das eine Umkehrung des Generationenverhältnisses stattfindet.

8.2 Wie Kinder in Marketingstrategien instrumentalisiert werden

Wie ich bereits im 2. Kapitel gezeigt habe, kann das Kind u.a. wegen seinen entwicklungspsychologischen Besonderheiten für den Erwachsenen als fremd gelten.

In der Kinderwerbung wird sehr gezielt auf die Entwicklungsaufgaben der Kinder eingegangen. Kindliche Entwicklungsthemen werden so u.a. dazu benutzt, bestimmten Produkten in den Augen der Kinder eine Bedeutung für die Bewältigung dieser Themen zu verleihen (z.B. AUFENANGER 1997; MAYER 1998). Eine Nutzung dieser Besonderheiten in Marketingstrategien und in der Gestaltung von Medieninhalten fördert jedoch die Differenz zwischen Kindern und Erwachsenen[29]. Aus diesem Grund haben Markt und Medien einen Anteil daran, dass Kinder als Fremde gesehen werden können.

8.2.1 Die Nutzung der entwicklungspsychologischen Besonderheiten am Beispiel Merchandising

Die Aufteilung des Kinderwerbemarktes in einen Dreifachmarkt[30] legt neben dem gestiegenen Mitspracherecht und dem eigenständigen Gebrauch von Taschengeld[31] auch noch eine dritte Möglichkeit nahe, die das Ansprechen von jüngeren Kindern durch die Werbung rechtfertigt. Der Kinderwerbemarkt als Zukunftsmarkt betont die frühe Markenpositionierung von Kindern. Dieser Punkt zeigt deutlich: Kinder sollen zwar eigenständig handeln und als Käufer wie Erwachsene auftreten, allerdings soll dies in der von Markt und Medien festgelegten Art und Weise geschehen. Damit dies

---

[29] vgl. Kapitel 7.2 Markt und Medien als Abgrenzungsmöglichkeiten für Kinder
[30] vgl. Kapitel 6.1.2 Der Kinderwerbemarkt als Dreifachmarkt
[31] vgl. Kapitel 6 Kinder: Eine Zielgruppe entsteht

erreicht wird, werden ganz gezielt die entwicklungspsychologischen Besonderheiten von Kindern eingesetzt, um Kinder im Sinne des Marktes zu instrumentalisieren. Dies möchte ich im folgenden am Beispiel Merchandising verdeutlichen.

Für NEUMANN-BRAUN & ERICHSEN (1995: 36) ist Merchandising eine Art ‚Zwitter' von Werbung und Konsum.

> „Merchandising bezeichnet die Vermarktung von Medienprodukten in Form der Vergabe von Lizenzrechten an Zweitfirmen, die diese Rechte in Fremdprodukten, Dienstleistungen oder der Werbung verwenden. Der Inhaber der Rechte erhält prozentuale Gewinn- oder Umsatzbeteiligungen am Fremdprodukt. Anders ausgedrückt: Merchandising ist die Vermarktung von Ideen und Personen, die in den Medien „en vogue" sind" (36).

Die Autoren unterscheiden drei Formen des Merchandising:

- „die Vermarktung einer Figur in Form von Artikeln, die speziell für diese Figur geschaffen wurden (...)
- die Vermarktung der Figur auf bereits existierenden Produkten, und
- die Vermarktung einer Figur in der ‚klassischen' Werbung" (36).

Wichtig für den Merchandising-Erfolg ist natürlich der Erfolg der Lizenzfigur, die zunächst in Fernsehsendungen, Kinofilmen und Comics in Erscheinung tritt. Welche Ausmaße Merchandising haben kann, bewies u.a. die „Dino-Welle", die durch Steven Spielbergs „Jurassic-Park" ausbrach (KÜBLER 1994; KOMMER 1996).

Warum Merchandising gerade bei Kindern verstärkt eingesetzt wird, liegt in den entwicklungspsychologischen Besonderheiten dieser Zielgruppe begründet. Von besonderer Bedeutung sind hier vor allem zwei Kriterien:

- Die ständige Präsenz von Medienfiguren im gesamten Medienverbundsystem sowie

- die themenzentrierte Auseinandersetzung der Kinder mit den jeweiligen Medieninhalten.[32]

Mittlerweile spielt die optimale Vermarktung in multimedialen Verwertungskonzepten laut MATTUSCH (1995) schon in der Entwurfphase der Medienstoffe, -geschichten und -figuren eine entscheidende Rolle, so dass Zeichentrickfilme zu „Werbespots mit Überlänge" (MÜNTEFERING 1995: 466) werden.

> „Gab es vorher eine Spielfigur zum Film, so gibt es heute ein Film, eine Fernsehserie ein PC-Spiel (und vieles mehr) zur Figur. Geschichten, Stoffe und Figuren sind vielfach eingebunden in medienübergreifende Erlebnisszenarien, in denen die unterschiedlichen Medien in einen speziellen Nutzerzusammenhang gebracht werden können" (MATTUSCH 1995: 403).

8.2.2 Aus der Perspektive des Kindes: Kindheitsforschung und Marktforschung im Vergleich

Markt und Medien tragen durch die Nutzung der entwicklungspsychologischen Besonderheiten in Werbestrategien nicht nur zu dem Bild vom Kind als Fremden bei, vielmehr geht auch die Marktforschung nach meiner Meinung gezielt von diesem Bild aus.

Da die Kultur der Kinder durchaus eine Eigendynamik besitzt[33] und deshalb auch ausgeklügelte Marketingstrategien nicht immer Erfolg haben, ist es für die Marktforschung von Bedeutung Kinder nicht nur hinsichtlich ihrer Entwicklung zu charakterisieren. Für erfolgreiche Werbemaßnahmen müssen außerdem auch die Wünsche und Bedürfnisse der Kinder möglichst ungefärbt von den Vorstellungen der Erwachsenen beachtet werden. Warenhersteller und -anbieter erwarten laut MEIXNER (1994: 551) von

---

[32] vgl. für beide Punkte Kapitel 7.2.2.1 Kinder nutzen Medien anders als Erwachsene (denken)
[33] vgl. Kapitel 7.2.3 Eine neue Art der Kultur entsteht: Die Kultur der Kinder in Wechselwirkung mit Markt und Medien

der Marktforschung Erkenntnisse über die Einstellungen, Urteile und Reaktionen der Kinder auf Markenwerbung. Und auch MAYER (1998: 52) betont, dass soziologische, psychologische und pädagogische Erkenntnisse über Kinder und Kindheit wesentlich für die Werbebranche sind und zusammen mit der empirischen Forschung die Grundlage für an diese Zielgruppe gerichtete Marketingstrategien bilden. Die Produktwerbung soll neben den rezeptiven Fähigkeiten der Kinder auch deren veränderte Wahrnehmungsgewohnheiten, ihre Werte und Weltbilder berücksichtigen. Aus diesem Grund werden von der Marktforschung neben repräsentativen Befragungen auch qualitative Maßnahmen wie beispielsweise Gruppendiskussionen benutzt, um Kinder zu Spots und Produktpräferenzen zu befragen.

Dies deutet darauf hin, dass auch die Marktforschung ein Anliegen hat, Kinder als Fremde zu betrachten, um durch den Versuch einer Übernahme der Perspektive der Kinder einen Zugang zu der kindlichen Eigenwelt zu erhalten.

8.2.2.1 Forschung aus der Perspektive des Kindes: Kindheitsforschung

Die Forschung aus der Perspektive des Kindes impliziert in der Kindheitsforschung die Anerkennung des Kindes als Fremden. Ziel ist es, durch eine Perspektivenübernahme den momentanen subjektiven Bedürfnissen des Kindes unabhängig von den Vermutungen der Erwachsenen auf die Spur zu kommen. Den Kindern soll die Gelegenheit gegeben werden, das von Erwachsenen vorgefasste Bild vom Kind zu zerstören, damit eine Annäherung an die Eigenwelt der Kinder stattfinden kann.

Kinder werden mittlerweile für „Autoritäten in eigener Sache gehalten" (ZINNECKER 1996: 3), die als „kompetente Informanten" (WEISS 1995: 133) selbst am besten über ihre Befindlichkeit und ihre Bedürfnisse Auskunft geben können. Dies bringt jedoch einige Schwierigkeiten für die Forscher mit sich, die jetzt nicht mehr nur Erwachsene über Kinder befragen, sondern auch die Kinder selbst zu Wort kommen lassen wollen.

Das Problem, das in diesem Zusammenhang immer wieder erwähnt wird, lässt sich in einer Frage zusammenfassen:

Wie kann ein Erwachsener Kinder verstehen, wenn diese aufgrund der bestehenden Differenz einen anderen Code haben?

In der Forschung mit Kindern lässt sich laut HEINZEL (1997: 398) im deutschsprachigen Raum bei der Verwendung von Befragungsmethoden eine hohe Zurückhaltung konstatieren. WILK (1996) sieht hier vor allem in der Methodenwahl ein Problem.

> „Traditionelle Methoden der Befragung gehen davon aus, dass die Interviewpartner die gleichen, den Erwachsenen eigenen interaktiven linguistischen Kompetenzen besitzen. Kinder unterscheiden sich aber hinsichtlich dieser Fähigkeiten und es kann nicht angenommen werden, dass die Befragungsmethoden, die Erwachsenen angemessen sind, auch für Kinder passen (...) Es ist erforderlich, die gestellten Fragen und erhaltenen Antworten aus der Perspektive des befragten Kindes zu sehen. Dies erweist sich jedoch als schwierig, da Erwachsene immer bis zu einem gewissen Grad Fremde in der Welt des Kindes sind." (72).

In Anlehnung an HEINZEL (1997)[34] und WILK (1996) können beispielsweise folgende Schwierigkeiten bei der Befragung von Kindern zusammengefasst werden:

- Bei direkten Befragungen wurden die begrenzten Möglichkeiten im sprachlichen Ausdruck und die Schwierigkeit, die kindliche Aussage richtig zu interpretieren, hervorgehoben (HEINZEL 1997: 398-399).

- Als problematisch wurde außerdem angesehen, Untersuchungsmaterial, -bedingungen und Anforderungen kindgerecht zu gestalten (399).

---

[34] In ihrem Aufsatz „Qualitative Interviews mit Kindern" gibt Friederike HEINZEL (1997) einen Überblick über verschiedene Ansätze in der Kindheitsforschung, umreißt diverse Methoden, die bei der Erforschung von Kindern eingesetzt werden und stellt Erfahrungen die Forscher und Forscherinnen mit diesen gemacht haben gebündelt dar.

- Kinder neigen dazu, den elterlichen sozialen Status zu überschätzen (398).
- Sie wollen mit sozialen Normen übereinstimmen und adaptieren hierarchische Denkkategorien (398).
- Kinder erleben normalerweise Befragungssituationen als solche, in denen sie Wissen beweisen oder sich rechtfertigen müssen und versuchen daher die 'richtigen' Antworten auf Fragen zu finden (WILK 1996: 74).
- Kinder haben eine unterschiedliche Wahrnehmung und ein unterschiedliches Verständnis von Zeit, Zeiträumen und geographischen Entfernungen (73).
- Kinder sprechen je nach Alter ihre spezifische Sprache. Selbstverständliche Begriffe der Erwachsenenwelt gehören mitunter nicht zum Vokabular von Kindern oder besitzen für sie eine andere Bedeutung (73-74).

Es lässt sich also ein Defizit bezüglich des Verstehens von Kindern feststellen. Das bedeutet, dass von den Forschern kindgerechtere Methoden entwickelt werden müssen, die dieses Defizit der Erwachsenen ausgleichen und sie in die Lage versetzen, wenigstens ansatzweise dem Anspruch gerecht zu werden, aus der Perspektive des Kindes forschen zu können.

In bezug auf die *subjektiv wahrgenommenen Lebenswelten* kommt WILK (1994: 19) zu dem Schluss, dass diese aufgrund des jeweiligen Wissensvorrates, der von Kindern erst erworben wird und somit alters- und kulturspezifisch ist, konstruiert werden.

„Kinder können ihre Lebenswelt nur so wahrnehmen, wie dies ihr Entwicklungsstand erlaubt. Ihre jeweiligen kognitiven Fähigkeiten lassen sie Zusammenhänge anders sehen als Erwachsene, ihr jeweiliger moralischer Entwicklungsstand und ihre jeweils im Vordergrund stehenden Bedürfnisse lassen sie das wahrgenommene spezifisch interpretieren und bewerten" (19).

Daraus ergibt sich eine auch für die Marktforschung relevante Fragestellung:

> „Wie nehmen Kinder ihre Lebenswelten wahr, wie interpretieren und bewerten sie diese"(19)?

Wenn Kinder als vollwertige Mitglieder der Gesellschaft verstanden werden sollen, müssen auch ihre Sichtweise und Interpretation von Lebenswelten akzeptiert werden (WILK 1996: 58). Dabei ist es vor allem von Bedeutung die kindliche Sichtweise kennen und verstehen zu lernen. Allerdings sollte laut WILK (1994: 19-20) in Surveyerhebungen neben dieser auch die Wahrnehmung, Interpretation und Bewertung der kindlichen Lebenswelten durch die erwachsene Bezugspersonen erfasst werden, damit diesbezügliche Unterschiede zwischen Kindern und Erwachsenen festgestellt werden können.

8.2.2.2 Forschung aus der Perspektive der Kinder: Marktforschung

Genau wie die Kindheitsforschung sucht die Marktforschung nach Möglichkeiten sich der Perspektive des Kindes anzunähern, um so die kindliche Lebenswelt besser zu verstehen. So kommt beispielsweise MAYER (1998) nach der Analyse vierer an Kinder gerichtete Print-Werbemitteln[35] zu dem Schluss, dass die Anbieter „(...)möglichst viele Erkenntnisse über die aktuelle kindliche Lebenswelt und die Bedürfnisse von Kindern in ihren Produktkonzeptionen aufnehmen, die durch die Werbemittel den Kindern wieder nahegebracht werden" (229). In einem Leitartikel der Marketing-Zeitschrift Horizont forderten mehrere Werbeagenturen und Unternehmen, „(...) dass Kinder als Konsumenten ernster genommen werden müssten. Die jungen Konsumenten seien nicht so dumm, wie viele Marketer glauben. Daher müssen sich bei der Produktentwicklung die Hersteller künftig

---

[35] Analysiert wurden hier neben Werbemitteln für die Spielzeuge Barbie und Playmobil auch an Kinder gerichtete Werbungen der Postbank und TUI.

mehr mit der Welt der Kinder beschäftigen, da oberflächlich dargestellte Trends, aufgesetzte Argumentationen und informationsüberlastende Spots nach Ansicht dieser Marketingexperten die Glaubwürdigkeit der Produkte bei Kindern aufs Spiel setzen." (MAYER 1998: 52).

Aus diesem Grund werden auch in der Marktforschung gezielt Kinder über ihre Wünsche, Vorlieben und Urteile etc. befragt. Wie Kinder hierbei zu Wort kommen, möchte ich anhand der KidsVerbraucherAnalyse 1998 (KVA '98) sowie der Studie von Jacoby & Springer darstellen.

1)   Die KidsVerbraucherAnalyse (KVA)[36]

Die KVA ist eine gesamtdeutsche Markt-Media Studie, in deren Rahmen 1998 2.316 Kinder und Jugendliche im Alter von sechs - 17 Jahren in einem mündlichen Interview über ihr Medien- und Marktverhalten befragt wurden. Auftraggeber der Studie ist der Bastei-Verlag, Mit-Herausgeber sind die Axel Springer Verlag AG und die Verlagsgruppe Bauer. Außerdem haben weitere sechs Verlage Nutzungsrechte erworben.

„Die Reichhaltigkeit des Zielgruppen- und Medienangebots für den interessanten Markt der 'Kids' erfreut sich einer sehr großen Resonanz bei den Mediaplanern" (KVA '98 Codeplan: 3), so dass der Wunsch nach Informationen über diese Zielgruppe sehr groß ist. Allerdings haben Pretests und die Vorläufer der KVA '98 die Grenzen der Belastbarkeit von Kindern und Jugendlichen hinsichtlich der Fragebogenlänge aufgezeigt, die in Anbetracht der großen Menge an Erhebungsinhalten eine spezifische Problemlösung notwendig machten. Aus diesem Grund wurden bei der Erhebung die Fälle in zwei gleich große Fusionsbestände gesplittet, so dass die Fragebögen aus gemeinsamen Fragen und splittspezifischen Fragen

---

[36] Die folgenden Angaben basieren auf dem KVA-Codeplan sowie der Ausarbeitung für die Zielgruppe der Kids von 6 bis 9 Jahren, die mir vom Bastei Verlag zur Verfügung gestellt wurden.

bestanden. Zur Entlastung des Kindes wurde außerdem ein Teil der Fragen auf einen schriftlichen Elternfragebogen ausgelagert (4).

In diesem wurde das Elternteil über

- Haushaltsmerkmale,
- Besitzgüter im Haushalt,
- Konsumverhalten im Haushalt,
- Ausgaben für Spielsachen,
- Sparbuch des Kindes/Jugendlichen,
- Erfüllung des Markenwunsches des Kindes/Jugendlichen durch die Eltern,
- Aktionsfreiräume des Kindes/Jugendlichen (was darf das Kind, was nicht),
- Versorgung von Haustieren durch das Kind/den Jugendlichen,
- Einfluss des Kindes/Jugendlichen beim Kaufentscheid

befragt (KVA 98 Codeplan: 7).

Die Fragebögen, die in Form eines mündlichen Split-Interviews an Kinder und Jugendliche gerichtet wurden, befassten sich mit folgenden Ermittlungen:

- Mediaverhalten des Kindes/Jugendlichen bezüglich Zeitschriften,
- Fernsehverhalten (gestern gesehen),
- Freizeittätigkeit,
- Besitz und Wunsch verschiedener Güter,
- Produktverwendung,
- Markenverwendung/ -besitz,

- Taschengeld, finanzielle Zuwendungen, Ausgabe- und Sparverhalten, Sparziele

- Einkaufsstätten,

- Markenbewusstsein,

- demografische Merkmale (KVA '98 Codeplan: 7).

Der Codeplan der KVA '98 und die in ihm dargestellten Ergebnisse beziehen sich zunächst auf die komplette Zielgruppe der sechs - 17 jährigen. In weiteren Ausarbeitungen wird jedoch zwischen Kids (6-9 Jahre), Teens (10-13 Jahre) und Jugendlichen (14-17 Jahre) unterschieden. Die Ausarbeitung für die Gruppe der Kids zeigt, dass 790 Jungen und Mädchen im Alter von 6-9 Jahren befragt wurden. Allerdings werden die Altersklassen scheinbar nur in der Ergebnisauswertung unterschieden. Spezifische Probleme bei der Befragung in den einzelnen Gruppen werden nicht erwähnt.

Des weiteren wird aus dem Codeplan nicht erkenntlich, ob die Interviewer besondere Qualifikationen hinsichtlich der Befragung von Kindern besitzen. Es wird lediglich betont, dass diese über Erfahrungen mit Media-Untersuchungen verfügen und aus dem Grund eine detaillierte schriftliche Einweisung genügte (13).

Als Motivationsanreiz für die Befragungsteilnahme diente eine Verlosung von Geldpreisen, die sich schon bei der 'Erwachsenen'-VA als Instrument zur Rücklaufsteigerung und Gewinnung vollständiger Interviews bewährt hat. Auch wenn dies, wie ausdrücklich erwähnt, auch dem Kind als Anreiz zur Mitarbeit dienen soll, scheint sich das Mittel jedoch vorwiegend an die Eltern zu richten. Da diese zunächst die Teilnahme der Kinder erlauben müssen, dient die Verlosungsaktion als 'Türöffner' und als Honorar für ihre Mühe und die des Kindes (13-14).

2) Die Springer & Jacoby Studie zum Kidsmarketing[37]

"Die von der Werbeagentur Springer & Jacoby durchgeführte Studie wollte fundierte Kenntnisse über die Zielgruppe Kinder erlangen[38]. Ziel der über zwei Jahre dauernden qualitativen Studie war es, nicht nur Zahlen zu deuten, sondern 'wirklich zu verstehen, was in den Köpfen der Kinder vorgeht' (Vongehr 1996). Deshalb saßen 14tägig im Konferenzraum dieser Hamburger Agentur vier bis sechs Mädchen und Jungen bei Gruppendiskussionen zusammen, gaben ihr Urteil über Werbekonzepte, Anzeigen, Spots und Produkte ab und diskutierten Themen, die Werbern helfen sollen, Kinder zu verstehen. Als ergänzendes Instrument wurden Eltern- und Expertenpanel eingerichtet, um den Einfluss der Kinder beim Kauf zu bewerten. Geplant waren ursprünglich kontinuierliche Kinder-Panel, doch die Agentur-Experten stellten fest, dass nach einigen aufeinanderfolgenden Sitzungen in Gruppen mit gleicher Zusammensetzung die Kinder bereits wussten, was man von ihnen hören wollte und deshalb dementsprechend antworteten. So entschied man sich insgesamt 100 Kinder zu suchen, die in einer Kids-Datei mit ihren Hobbies und Interessen verzeichnet wurden, damit je nach Thema und Produkt die Kinder gezielt zu Gruppendiskussionen eingeladen werden konnten" (MAYER 1998: 50).

Da es in der Studie vor allem darum ging, Erkenntnisse über die Zielgruppe Kinder in den Marketingstrategien der auftraggebenden Firmen umzusetzen, sind die genauen Ergebnisse auch nur diesen zugänglich. Allerdings wurden auf deren Grundlage Thesen bezüglich der Zielgruppe Kinder aufgestellt, die in der Zeitschrift Horizont veröffentlicht wurden (50):

„1. Kids sind nicht gleich Kids. Die Zielgruppe der Kinder und Jugendlichen ist extrem heterogen. Deshalb die Forderung von Springer & Jacoby: Setzen Sie

---

[37] Leider kann diese Studie aus Zeitmangel und daraus resultierend fehlender Primärliteratur nur anhand der sekundären Darstellung von MAYER (1998) vorgestellt werden.

[38] „Springer & Jacoby wurde 1979 von Reinhard Springer und Konstantin Jacoby in Hamburg gegründet und gehört derzeit zu den zehn größten Werbeagenturen in Deutschland. Die Einnahmen lagen im Jahr 1995 bei 81,12 Mio. DM. 220 Top-Entscheider aus den wichtigsten werbetreibenden Unternehmen kürten Springer & Jacoby im Jahr 1995 zu Deutschlands bester Agentur v.a. im Hinblick auf Kreativität und Markenwerbung (vgl. W& V- Compact 1 vom 23.2. 1996, 16). S&J beschäftigt 3000 Mitarbeiter. Zu den wichtigsten Kunden gehören die Deutsche Telekom, Mercedes-Benz, Quelle, Postbank, Levis's, TUI, Ravensburger Verlag, ZDF, Coca-Cola, und DeTeMobil" (MAYER 1998: 50).

sich mit Ihrer jeweiligen Zielgruppe konkret auseinander. Denn die entwicklungspsychologische Einteilung der Altersgruppe kann nur eine grobe Orientierung bieten.

2. Kinder sind heute viel früher erwachsen als je zuvor. Wer die 'süßen Kleinen' für doof verkaufen will, bekommt prompt die passende Antwort: Ablehnung – oder Verachtung. Deshalb muss die Kommunikation unbedingt und in allen Elementen glaubwürdig und ehrlich sein.

3. Kids nehmen die Welt anders wahr als Erwachsene. Die multimediale Realität, in der sie groß werden, verändert ihre Gehirnstrukturen. Sie können zwar mehr Informationen aufnehmen als Kinder früher, aber nicht mehr abstrakt verarbeiten. Also: sagen Sie viel, aber einfach! Mentale Stanzungen durch immer gleiche Markenbotschaften sind rausgeworfenes Geld.

4. Weil der Wettbewerb um die Gunst der Kleinen immer mehr zunimmt, muss man sich auch immer mehr anstrengen, um sie zu erreichen. Kinder sind kreativ und brauchen kreative Ansprache auf hohem Qualitätsniveau.

5. Kinder haben ein sehr sensibles Moralempfinden. Alles was ökologisch oder sozial bedenklich erscheinen könnte, gilt es zu vermeiden.

6. Die Kids sind extrem sensibel für Trends. Wer die 'coole' Sonnenbrille nur als oberflächliche Plattform nutzt, um zu ihnen durchzudringen, wird schnell entlarvt. Wer dagegen die hinter dem Trend stehenden Werte und Bedürfnisse der Kinder kennt und dazu noch die passende Marke hat, kann den Trend für sich nutzen" (Vongehr zit. n. MAYER 1998: 53).

8.2.2.3 Zusammenfassung und Konsequenzen für die Übernahme einer Perspektive des Kindes

- Ein Anliegen der Marktforschung ist, ebenso wie in der Kindheitsforschung, das Verstehen der Sichtweise der Kinder und der kindlichen Interpretation ihrer Lebenswelt. Für diese Erkenntnis wird die Übernahme einer Perspektive des Kindes benötigt.

- Es kann sowohl bei der Kindheitsforschung als auch bei der Marktforschung ein großes Interesse an den Äußerungen der Kinder/Jugendlichen diagnostiziert werden. Es werden Wege gesucht, den Besonderheiten der Zielgruppe auch bei Befragungen gerecht zu werden. Das Elterninterview stellt aus diesem Grund nur eine ergänzende Möglichkeit dar, um eine Überforderung der Kinder/Jugendlichen zu vermeiden.

- Die Marktforschung bemüht sich bei der Methodenwahl die kindlichen Besonderheiten miteinzubeziehen. So wird am Beispiel der KVA deutlich, dass die Methode hinsichtlich der Zielgruppe durch die Verwendung von Fusionstechniken und Doppelinterviews modifiziert wird. Des weiteren werden bei der Springer & Jacoby Studie vermehrt qualitative Methoden eingesetzt, um die subjektiven Sichtweisen der Kinder besser zu erfassen.
- In beiden Studien wird versucht Untersuchungsmaterial und -anforderungen kindgerecht zu gestalten. Für die KVA kann hier das Titelseiten-Identifikations-Modell[39] dienen, als Beispiel für die Springer & Jacoby Studie die Ablehnung ursprünglich geplanter Kinder-Panel.
- In beiden Marktforschungsstudien werden auch die Eltern miteinbezogen. So könnten, wie von der Kindheitsforschung gefordert, Unterschiede zwischen Kindern und Erwachsenen hinsichtlich der Beurteilung kindlicher Lebenswelten festgestellt werden. Da mit der Befragung der Eltern aber andere Ziele verfolgt werden, ist dies jedoch fraglich.
- Sowohl in der KVA als auch in der Springer & Jacoby Studie scheint eine Perspektivenübernahme hinsichtlich der inhaltlichen Ergebnisse stattzufinden. Da nicht auszuschließen ist, dass die Interviewer der KVA keine kindbezogene Vorerfahrung bzw. Einweisung erhielten und sich der Motivationsanreiz für die Befragungsteilnahme eher an die Eltern richtet, wird deutlich, dass sich diese kindzentrierte Perspektive nur auf

---

[39] Hierbei wird den Kindern/Jugendlichen ein DinA3-Blatt vorgelegt, auf dem die letzten 12 Ausgaben einer Zeitschrift verkleinert abgebildet sind. Die Aufgabe besteht darin, diejenigen Titelseiten zu benennen, die das Kind/der Jugendliche meint gelesen zu haben (KVA-Codeplan: 6).

die Wahrnehmung „Kinder als Konsumenten" bezieht und ansonsten eine erwachsenenzentrierte Sichtweise vorliegt.

8.3 Die Bilder von Medien und Markt im Vergleich mit dem der neueren Kindheitsforschung

Markt/Medien und Kindheitsforschung gehen, wie diese Arbeit gezeigt hat, von einer Vielzahl von Bildern vom Kind aus. Während die Bilder der Kindheitsforschung eher in eine Richtung zielen, sind die Bilder von Markt und Medien auf den ersten Blick uneinheitlich und voller Widersprüche. Dies hängt mit den unterschiedlichen Zielsetzungen von Kindheitsforschung und Markt/Medien zusammen. Während es der Kindheitsforschung mehr um eine höhere Lebensqualität für Kinder geht, haben Markt und Medien vor allem die Zielgruppe Kind vor Augen.

Im folgenden möchte ich beispielhaft einige Bilder vom Kind hinsichtlich der verschiedenen Sichtweisen von Markt und Medien darstellen:

Das Bild vom Kind als kleinen Erwachsenen

Hinsichtlich ihrer Konsumgewohnheiten werden Kinder von Markt und Medien wie Erwachsene behandelt. In diesem Zusammenhang fallen immer wieder Begriffe wie Autonomie, Eigenständigkeit, selbständiges Handeln etc., so dass das Bild vom Kind als kleinem Erwachsenen stark begünstigt scheint und den Kindern eine aktive Rolle zugewiesen wird. Zu den Hauptsehzeiten der Kinder kommt die kindliche Lebenswelt selten zum Zug, da vorwiegend Erwachsenenprogramm ausgestrahlt wird. Aus diesem Grund liegt die Schlussfolgerung nahe, dass Kinder und ihre von Erwachsenen verschiedene Lebenswelt hier keine Berücksichtigung finden, kindliche Bedürfnisse kaum beachtet werden und Kinder die an Erwachsene gerichteten Inhalte rezipieren. Im speziellen Kinderprogramm und hier vor allem in den Kinderwerbespots ist eine starke Orientierung an kindlichen Themen feststellbar. Kinder selbst werden jedoch in den Spots kaum als autonome Personen dargestellt. Der fehlende Realitätsbezug lässt in diesem Punkt das Bild „vom kleinen Erwachsenen" zur Farce werden.

Das Bild vom eigenständigen Kind

Kindheitsforschung und Markt/Medien gehen davon aus, dass sich Kinder nicht nur in einem Übergangsstadium zum Erwachsen befinden. Vielmehr sind beide Bereiche der Ansicht, dass Kinder auch im Hier und Jetzt Bedürfnisse, Wünsche etc. haben, die sie selbst erkennen und formulieren können. Kinder gelten nun als glaubwürdige Autoritäten in eigener Sache, deren Standpunkte ernst genommen werden und die zu einer befragungswürdigen und ansprechbaren Gruppe geworden sind. Es wird von eigenständigen Kindern ausgegangen, die selbständig handeln können, eine eigene Kultur entwickeln, in der Familie Mitspracherecht haben und in der Lage sind, ihre Wünsche durchzusetzen. Beide Instanzen haben ein Interesse daran die Autonomie der Kinder weiter zu stärken.

Allerdings wirken die durch die Werbung vermittelten eigenständigen Handlungen z.B. durch die Umkehrung des Generationenverhältnisses und dem fehlenden Realitätsbezug wenig glaubhaft. Obwohl Kinder dort als selbständige Akteure dargestellt werden, werden sie durch die übertriebene Darstellungsweise kaum als solche wahrgenommen. Kinder werden von Markt und Medien zwar als eigenständige Konsumenten gesehen, jedoch nicht als eigenständig handelnde Individuen.

Das Bild vom sich entwickelnden Kind

Während die Kindheitsforschung Entwicklung als Metapher der Bevormundung zurückweist, benutzen Markt und Medien gerade diese kindlichen Besonderheiten, um die Zielgruppe in ihrem Sinne zu instrumentalisieren.

Das Bild vom Kind als Fremden

Auch wenn der Begriff des Fremden in der Literatur bezüglich des Marktes und der Medien nicht genannt wird, gehen sowohl Markt und Medien wie auch die Kindheitsforschung von diesem Bild aus. Beide Bereiche betonen eine Differenz zwischen Kindern und Erwachsenen. Es wird auf beiden Seiten eine kindliche Eigenwelt anerkannt, die in der Forschung eine stärkere Berücksichtigung erfordert. Kinder werden in Kindheits- und Marktforschung vermehrt in Untersuchungen miteinbezogen. Um aus der Perspektive des Kindes forschen zu können, werden auf beiden Seiten neue und bessere Methoden gesucht, die es ermöglichen, Kinder zu verstehen und ihre Bedürfnisse kennen zulernen.

Das Bild vom Kind als Person aus eigenem Recht

Während sich die Kindheitsforschung bemüht, Kinder als Personen aus eigenem Recht zu sehen und ihre sozialen Beziehungen, ihre alltägliche Lebensführung und ihre Lebensbedingungen in den Vordergrund rücken möchte, nehmen Medien und Markt Kinder kaum als Personen wahr. Dies zeigt sich u.a. in ihrer Darstellung in den Medien. Kinder werden ausschließlich als Zielgruppe gesehen, die durch ihr Mitspracherecht, ihre eigenen finanziellen Möglichkeiten und im Hinblick auf eine frühe Markenpositionierung ernst genommen werden müssen und als Konsumenten und nicht als Personen eine tragende Rolle spielen.

Konsequenz

Während Kindheitsforscher aus der Perspektive der Kinder forschen wollen, um die Lebensqualität der Kinder zu steigern, sind Markt/Medien gezwungen diese Perspektive einnehmen, um den Bedürfnissen der Kinder gerecht zu werden und sie als Zielgruppe erreichen zu können.

Dies hat bezüglich beider Seiten positive Auswirkungen auf die Stellung der Kinder, da diesen durch ihre Anerkennung als eigenständige Zielgruppe eine aktive Rolle zuerkannt wird und sie eine Aufwertung ihres Status erfahren.

Eine Anerkennung als Zielgruppe genügt jedoch nicht, um Kinder ernst zunehmen, vor allem, wenn die Anerkennung nur auf dem kindlichen Konsum basiert. Es wäre wünschenswert, wenn Kinder von Markt und Medien nicht nur einen Status als Zielgruppe, sondern auch als Personen erhielten.

8.4 Fazit

> „Kinder werden ernstgenommen – Allerdings nicht als kleine sensible Persönlichkeiten, die auf dem Weg sind, ihre eigene Identität zu finden, sondern vielmehr als Konsumobjekte einer marktwirtschaftlich orientierten Erwachsenen -(Fernseh)- Welt" (KRUSE & TARNOW 1995: 433).

Eigenständigkeit und Instrumentalisierung treten, wenn von Medien und Markt die Rede ist, immer in Kopplung auf, da diese Instanzen die Eigenständigkeit von Kindern durch die Nutzung ihrer entwicklungspsychologischen Besonderheiten fördern. Einerseits scheinen sich Markt und Medien auf diese Weise der Kindheitsforschung anzunähern, da sie Kinder aus ihren traditionellen pädagogischen und sozialen Abhängigkeiten befreien, andererseits werden jedoch neue Abhängigkeiten geschaffen, die nicht mit den Zielen der Kindheitsforschung in Einklang gebracht werden können. Da der Markt Individualisierung fördert und bereits Kinder aus persönlichen Bindungen freisetzt, kommt es zu einem Wandel der Kontrollmuster (ZINNECKER 1995: 87). Markt und Medien werden zu direkten Gegenspielern der erzieherischen Wächterschaft, bringen jedoch ihrerseits neue Formen indirekter Kontrollen mit sich.

Genau wie die Kindheitsforschung versuchen Markt und Medien die Perspektive der Kinder einzunehmen, um so deren Wünschen und Bedürfnissen auf die Spur zukommen. Mit der Übernahme der kindlichen Perspektive wird jedoch nur ein Ziel verfolgt: größere Gewinne.

So erlaubt die Marktforschung Kindern nicht, das Bild vom marktabhängigen Kind zu zerstören, sondern arbeitet immer weiter auf diese neue Art der Abhängigkeit hin.

9. Zusammenfassung der Ergebnisse

1) Die Stellung der Gruppe der Kinder erfährt durch die Akzeptanz des Kindes als Subjekt sowie der Zuschreibung einer aktiven Rolle im gesellschaftlichen Geschehen eine Erhöhung.

2) Als Kriterien für die Sichtweise 'Kind als Subjekt' können die Anerkennung einer kindlichen Eigenwelt, der Versuch einer Übernahme der Perspektive des Kindes, der Einbezug des subjektiven Wohlbefindens im Konzept der Lebensqualität usw. gelten.

3) Die aktive Rolle des Kindes wird verstärkt durch erweiterte Teilnahmemöglichkeiten der Kinder am gesellschaftlichen Leben, durch die Akzeptanz und Berücksichtigung kindlicher Kompetenzen, durch die Förderung des Handlungsspielraums der Kinder, ihrer Eigenständigkeit sowie durch die Vergrößerung ihres Mitspracherechtes etc.

4) In der Kindheitsforschung wird sich um eine Aufwertung der Stellung des Kindes beispielsweise durch die Anerkennung der kindlichen Eigenwelt und die damit verbundene Sichtweise vom Kind als Fremden bemüht. Die Akzeptanz einer Eigenwelt der Kinder schließt die aktive Schaffung dieser durch das Kind mit ein. Das Bild vom Kind als Fremden soll Kindern im Forschungsprozess außerdem die aktive Zerstörung sämtlicher vorgefasster Bilder ermöglichen. Dem Kind wird dadurch die Möglichkeit gegeben selbständig an den Konstruktionen von Kindheit teilzunehmen.

9.1 Der Einfluss von Markt und Medien auf die Stellung der Kinder

1) Die AV-Medien ermöglichen Kindern schon in frühen Jahren den Zugang zu der Welt der Erwachsenen. Im Umgang mit Medien und Medieninhalten können sie außerdem Kompetenzen erwerben, die sie dazu befähigen aktiv am gesellschaftlichen Geschehen teilzunehmen.

➢ Die gesellschaftliche Stellung der Kinder wird durch die Medien *tendenziell positiv* beeinflusst.

2) Dies hat Auswirkungen auf den Markt, der Kinder als neue Zielgruppe entdeckt und weiter ausbauen möchte. Kinder erhalten so die Möglichkeit, sich als aktiv Handelnde im Konsummarkt zu bewegen. So werden ihnen neue Teilnahmemöglichkeiten an der Erwachsenenwelt und dem technischen Fortschritt eröffnet.

➢ Die gesellschaftliche Stellung der Kinder wird durch den Markt *tendenziell positiv* beeinflusst.

3) Die Medieninhalte sowie die Produkte und Dienstleistungen des Marktes tragen zur Abgrenzung der Kinder von den Erwachsenen bei. Die Bedeutung der Gleichaltrigengruppe steigt weiter an und auch das Bild vom Kind als Fremden erhält eine weitere Betonung. Den Kindern wird außerdem die Schaffung einer Eigenwelt in größerem Umfang ermöglicht.

➢ Die gesellschaftliche Stellung der Kinder wird durch den Markt und die Medien *tendenziell positiv* beeinflusst.

4) Um die Zielgruppe der Kinder weiter ausbauen zu können, hat der Markt das Interesse, die Eigenständigkeit der Kinder beim Kauf von Produkten, beim selbständigen Verwalten finanzieller Ressourcen

sowie deren Mitspracherecht bei Kaufentscheidungen weiter zu fördern, so dass Kinder zu gleichberechtigten Konsumenten werden.

> Die gesellschaftliche Stellung der Kinder wird *tendenziell positiv* beeinflusst.

Bei näherer Betrachtung zweier Bilder vom Kind, dem des kleinen Erwachsenen und dem des Fremden, wird der ambivalente Einfluss von Markt und Medien jedoch besonders deutlich.

5) Das Bild vom kleinen Erwachsenen, scheint gerade durch die Betonung des 'gleichberechtigten Konsumenten' zur Vergrößerung der Eigenständigkeit und dem Mitspracherecht der Kinder beizutragen. Allerdings werden die kindlichen Besonderheiten nicht berücksichtigt, es findet nur der Konsument Kind, nicht das Kind als Person Beachtung.

> Die gesellschaftliche Stellung der Kinder wird *tendenziell negativ* beeinflusst.

6) Das Bild vom Kind als Fremden, das in der Kindheitsforschung hinsichtlich einer aktiven Rolle des Kindes eher positiv besetzt ist, schließt auch im Bereich Markt und Medien die Berücksichtigung der kindlichen Interessen mit ein. So finden im Kinderprogramm und in Kinderwerbespots die entwicklungspsychologischen Besonderheiten vermehrt Beachtung. Auch die kindliche Eigenwelt erhält in der Markforschung – ähnlich wie in der Kindheitsforschung – eine besondere Bedeutung und soll möglichst aus der Perspektive des Kindes erforscht werden. Die Aufmerksamkeit, die den Wünschen und Bedürfnissen der Kinder entgegengebracht wird, wird jedoch in der Kindheitsforschung und in den Bereichen Markt und Medien von sehr unterschiedlichen Zielen gelenkt. Markt und Medien sehen in Kindern vorwiegend eine zahlungskräftige und einflussreiche Gruppe, mit deren Hilfe Gewinne erzielt werden können. Aus diesem Grund werden die entwicklungspsychologischen Besonderheiten sowie die Erkenntnisse über die kindliche Eigenwelt dazu benutzt, Kinder zu instrumentalisieren. Auch

die Erfahrungen, die durch die besondere Beachtung der Perspektive des Kindes in der Marktforschung gewonnen werden, werden hierfür eingesetzt.

> Die gesellschaftliche Stellung der Kinder wird *tendenziell negativ* beeinflusst

7) Auch wenn Markt und Medien Kinder einerseits aus traditionellen Abhängigkeiten befreien, so schaffen sie auf der anderen Seite wiederum neue Abhängigkeiten. Das bedeutet, dass das Kind nicht, wie von der neueren Kindheitsforschung gefordert, zu einem Subjekt wird, vielmehr werden Kinder, auch wenn sie sich mit Hilfe von Medien und Markt von dem Erziehungsprojekt der Erwachsenen befreien können, ausschließlich als eine Zielgruppe betrachtet, die mit Hilfe von Marketingstrategien instrumentalisiert werden kann.

> Die gesellschaftliche Stellung der Kinder wird von Markt und Medien *tendenziell negativ* beeinflusst.

9.2 Die Sichtweise von Markt und Medien im Vergleich mit der Kindheitsforschung

Markt und Medien sehen Kinder als Altersklasse, deren gruppenspezifischen Charakteristika sie für ihre Ziele benutzen können. Sie sind nicht am einzelnen Kind, sondern an Kindern als Zielgruppe interessiert.

Im Gegensatz zu dieser Sichtweise tendiert die Kindheitsforschung eher dazu, Kinder als einzelne Individuen zu betrachten. Es steht das Kind und seine subjektiven Bedürfnisse, Wünsche etc. im Vordergrund, so dass die gesellschaftliche Positionierung der Gruppe der Kinder vergessen zu werden scheint.

Um der Stellung der Kinder nach meiner Definition eine gesamtgesellschaftliche Erhöhung zukommen zulassen, müssen jedoch beide Sichtweisen eine Kopplung erfahren. Kinder müssen einerseits als Individuen mit subjektiven Bedürfnisse und andererseits als eine Bevölkerungsgruppe, der bisher kaum eine aktive Rolle am Gestaltungsprozess der Gesellschaft zugestanden wurde, gesehen werden.

9.3 Konsequenzen für eine pädagogische Praxis

Die vorhergehenden Ausführungen zeigen sehr deutlich, dass Markt und Medien vor allem hinsichtlich der Zielgruppe Kinder einen sehr ambivalenten Charakter haben. Für die Pädagogik ist es zunächst einmal wesentlich, Markt und Medien als einflussreiche Instanzen im heutigen Kinderleben anzuerkennen, die in Zukunft eine noch größere Ausweitung erfahren werden. Dies bedeutet vor allem, dass Markt und Medien nicht mehr, wie dies in der Vergangenheit häufiger der Fall war, als Sündenböcke für viele Missstände in der heutigen Kindheit verteufelt werden sollten. Es müssen auch die Handlungsspielräume, die Markt und Medien Kindern eröffnen berücksichtigt werden. Allerdings reicht es auch nicht aus, den Kindern Kompetenzen zuzuschreiben und ihnen einen völlig unreflektierten Umgang mit Markt und Medien zu ermöglichen. Es müssen vielmehr Mittelwege gefunden werden, in denen die positiven wie auch negativen Auswirkungen Beachtung finden.

Hinsichtlich der neuen Abhängigkeiten, die Markt und Medien bedingen, verliert die Kinderschutzdebatte nicht an Wert, allerdings sollte diese nicht zu einer Abschirmung der Kinder vor vermeintlichen Gefahren führen. Dies gilt natürlich auch für den Bereich der Werbung, indem Markt und Medien ihre wohl eindeutigste Verbindung erhalten. Es reicht nicht aus Kindern, wie häufig gefordert, eine werbefreie Zone einzuräumen, in der sie von jeglichen kommerziellen Bestrebungen verschont bleiben. Sinnvoller ist eine gezielte Auseinandersetzung mit Werbung und ihrer Intention, so dass schon jüngeren Kindern und vor allem auch ihren Eltern Kompetenzen im Umgang mit den Medien und den Marketingstrategien vermittelt werden.

Für Pädagogen bedeutet dies, dass sie sich intensiver mit der Werbewelt beschäftigen müssen und dies nicht nur aus der Perspektive des Kindes, sondern vor allem auch aus der Perspektive der Medien und des Marktes.

Nur durch eine tiefergehende Auseinandersetzung mit deren Intentionen, Strategien, Darstellungsformen usw. können pädagogische Konzepte entwickelt werden, die reflexiv positive wie negative Aspekte berücksichtigen. Bezüglich der Kinder ist es bei der Planung pädagogischer Maßnahmen sicher sinnvoll auf deren entwicklungspsychologischen Besonderheiten einzugehen. Dies sollte jedoch im Hinblick auf eine aktive Rolle des Kindes geschehen, so dass ihre Autonomie und Eigenständigkeit sowie ihr Mitspracherecht in öffentlichen und familialen Bereichen gefördert wird.

10. Ausblick

Diese Arbeit liefert eine Vielzahl von Ansätzen, die weitere vertiefende Untersuchungen ermöglichen. Hinsichtlich eines reflektorischen Umgangs mit Markt und Medien halte ich vor allem eine intensivere Auseinandersetzung der Pädagogik mit den Marketingstrategien und der Marktforschung für sinnvoll.

Auf diese Weise wird es Pädagogen/Pädagoginnen einerseits ermöglicht, die dahinterliegenden Konzepte zu verstehen, so dass sie in medien- und werbepädagogische Maßnahmen gezielt eingebaut werden können. Andererseits können die Erfahrungen, welche die Marktforschung bei der Untersuchung der Zielgruppe Kinder macht, auch für die Kindheitsforschung hilfreich sein.

Als Weiterführung meiner Arbeit könnte ich mir deshalb beispielsweise vorstellen, mit Hilfe von Experteninterviews eine Leitfadenuntersuchung durchzuführen, um die Werbestrategien von Firmen genauer zu analysieren.

Außerdem wäre sicherlich eine intensivere Auseinandersetzung mit den Untersuchungen der Marktforschung im Vergleich mit den Studien der Kindheitsforschung erstrebenswert, und zwar hinsichtlich der Ergebnisse und bezüglich der gewählten Methoden.

Auch eine Analyse der bereits stattgefunden Werbekampagnen im Hinblick auf Erfolg und Misserfolg kann hilfreiche Ergebnisse über die Lebenswelt von Kindern geben, die auch für die Erziehungswissenschaft von Interesse sind.

Literaturverzeichnis

Ariès, Philippe (1996). Geschichte der Kindheit. 12. Aufl. München: Deutscher Taschenbuch Verlag.

Aufenanger, Stefan (1993). Kinder im Fernsehen – Familien beim Fernsehen. Schriftenreihe Internationales Zentralinstitut für das Jugend und Bildungsfernsehen Nr. 26. München: K. G. Saur.

Aufenanger, Stefan (1995). Umfang und Programmumfeld von Kinderwerbung: Spotwerbung für Kinder und mit Kindern im deutschen Fernsehen. In: Charlton, Michael u.a. (Hrsg.): Fernsehwerbung und Kinder. Das Werbeangebot in der Bundesrepublik Deutschland und seine Verarbeitung durch Kinder. Band 1: Das Werbeangebot für Kinder im Fernsehen. Opladen: Leske & Budrich, S. 47-86.

Aufenanger, Stefan (1997). Verlockungen und Gefahren heutiger Werbewelten für Kinder. In: Meister, Dorothee M.; Sander, Uwe (Hrsg.): Kinderalltag und Werbung. Zwischen Manipulation und Faszination. Neuwied: Luchterhand, S. 28- 44.

Aufenager, Stefan; Kühn, Michael; Lingkost, Angelika; Nowotny, Gudrun; Veit Vans-Jürgen (1995). Weltbilder und Argumentationsmuster in Kinderwerbung: Werbespots und Spielesendungen. In: Charlton, Michael u.a. (Hrsg.): Fernsehwerbung und Kinder. Das Werbeangebot in der Bundesrepublik Deutschland und seine Verarbeitung durch Kinder. Band 1: Das Werbeangebot für Kinder im Fernsehen. Opladen: Leske & Budrich, S. 87-182.

Baacke, Dieter (1997). Zur Sozialisation von Kindern und Jugendlichen unter den Bedingungen der Kommunikationsstrukturen und Medienlandschaft des ausgehenden zwanzigsten Jahrhunderts. In: Meister, Dorothee M.; Sander, Uwe (Hrsg.): Kinderalltag und

Werbung. Zwischen Manipulation und Faszination. Neuwied: Luchterhand, S. 18-27.

Baacke, Dieter; Sander, Uwe; Vollbrecht, Ralf u.a. (1993). Kinder und Werbung. Stuttgart: Kohlhammer.

Baacke, Dieter; Sander, Uwe; Vollbrecht, Ralf; Kommer, Sven u.a. (1999). Zielgruppe Kind. Kindliche Lebenswelten und Werbeinszenierungen. Opladen: Leske & Budrich.

Bastei-Verlag, Axel Springer Verlag, Verlagsgruppe Bauer (Hrsg.) (1998). KidsVerbraucherAnalyse 98 (KVA 98). Junge Zielgruppe 6-17 Jahre. Codeplan.

Berger, Peter L.; Luckmann, Thomas (1998). Die gesellschaftliche Konstruktion der Wirklichkeit. Unveränderte Übernahme der 5. Auflage (1977). Frankfurt am Main: Fischer.

Best, Petra (1996). Die Schlümpfe als Weckdienst – das Zeichentrickangebot des Fernsehens. In: Theunert, Helga; Schorb, Bernd (Hrsg.): Begleiter der Kindheit. Zeichentrick und die Rezeption durch Kinder. München: Bayrische Landeszentrale für neue Medien, S. 57-76.

Bickler, Daniela (1992). Angsterzeugung und Angstbewältigung im Bilderbuch. Facharbeit in Deutsch am Geschwister Scholl Gymnasium bei Ernst Schillen, Ms.

Bickler, Daniela (1996). „Wir fressen dich auf – wir haben dich so gern!" Eine empirische Untersuchung zur Wirkung von Metaphern in Bilderbüchern. Hausarbeit an der Universität Trier/ Fachbereich II: Germanistik bei Dr. Wolf-Andreas Liebert, Ms.

Böhm, Winfried (1994). Wörterbuch der Pädagogik. 14. überarbeitete Auflage. Stuttgart: Alfred Kröner.

Bürgerliches Gesetzbuch (BGB) (1993), 34. neubearbeitete Auflage. München: Beck-Texte im DTV.

Charlton, Michael; Neumann, Klaus (1986). Lebensbewältigung in der Familie. Methode und Ergebnisse der strukturanalytischen Rezeptionsforschung – mit fünf Falldarstellungen. München: Psychologie Verlags Union.

Charlton, Michael; Neumann-Braun, Klaus; Aufenanger, Stefan; Hoffmann-Riem, Wolfgang (Hrsg.) (1995). Fernsehwerbung und Kinder. Das Werbeangebot in der Bundesrepublik Deutschland und seine Verarbeitung durch Kinder. Band 1: Das Werbeangebot für Kinder im Fernsehen. Opladen: Leske & Budrich.

Charlton, Michael; Neumann-Braun; Klaus, Aufenanger; Stefan, Hoffmann-Riem, Wolfgang (Hrsg.) (1995a). Fernsehwerbung und Kinder. Das Werbeangebot in der Bundesrepublik Deutschland und seine Verarbeitung durch Kinder. Band 2: Die Rezeption der Fernsehwerbung durch Kinder. Opladen: Leske & Budrich.

Chombart de Lauwe, Marie-José (1984). Changes in the representation of the child in the course of social transmission. In: Farr, Robert M.; Moscovici, Serge (Hrsg.). Social representations. Cambridge: Cambridge University Press, S. 185-209.

Cranach, Mario von: (1995). Über das Wissen sozialer Systeme. In: Flick, Uwe (Hrsg.): Psychologie des Sozialen. Repräsentationen in Wissen und Sprache. Reinbek: Rowohlt Taschenbuch, S. 22-54.

Dewe, Bernd (1991). Wissenssoziologie – Begriff und Entwicklung. In: Kerber, Harald; Schmieder Arnold (Hrsg.). Soziologie. Arbeitsfelder, Theorien, Ausbildung. Ein Grundkurs. Reinbek: Rowohlt Taschenbuch, S. 495-515.

Deutsches Jugendinstitut (Hrsg.) (1997). Werbepädagogik in der Grundschule. Opladen: Leske & Budrich.

Engelbert, Angelika (1986). Kinderalltag und Familienumwelt. Eine Studie über die Lebenssituation von Vorschulkindern. Frankfurt am Main: Campus.

Eßer, Kerstin (1995). Auf der Suche nach dem Geld von morgen: Aspekte der Finanzierung und Vermarktung von Kinderfernsehprogrammen. In: Erlinger, Hans Dieter; Eßer, Kerstin; Hollstein, Birgit; Klein, Bettina; Mattusch, Uwe (Hrsg.): Handbuch des Kinderfernsehens. Konstanz: Ölschläger, S. 371-394.

Eßer; Kerstin; Mattusch Uwe (1994). Zur Entwicklung des Kinderfernsehens in der Bundesrepublik Deutschland. Fakten und Anmerkungen. In: DJI (Hrsg.): Handbuch Medienerziehung von Kindern. Teil 1: Pädagogische Grundlagen. Opladen: Leske & Budrich, S. 362-371.

Flick, Uwe (1995). Alltagswissen in der Sozialpsychologie. In: Flick, Uwe (Hrsg.): Psychologie des Sozialen. Repräsentationen in Wissen und Sprache. Reinbek: Rowohlt Taschenbuch, S. 54-77.

Flick, Uwe: (1995a). Soziale Repräsentationen in Wissen und Sprache als Zugänge zur Psychologie des Sozialen. In: Flick, Uwe (Hrsg.): Psychologie des Sozialen. Repräsentationen in Wissen und Sprache. Reinbek: Rowohlt Taschenbuch, S. 7-20.

Flick, Uwe (1996). Psychologie des technisierten Alltags. Soziale Konstruktion und Repräsentation technischen Wandels in verschiedenen kulturellen Kontexten. Opladen: Westdeutscher Verlag.

Geretschlaeger, Ingrid (1994). Zeitschriften für Kinder im Vorschulalter. In: DJI (Hrsg.): Handbuch Medienerziehung von Kindern. Teil 1: Pädagogische Grundlagen. Opladen: Leske & Budrich, S. 283-293.

Glatzer, Wolfgang (1995). Das Konzept der Lebensqualität und die Lebensqualität von Kindern. In: Dröschel, Alexander (Hrsg.): Kinder – Umwelt – Zukunft. Münster: Votum, S. 77-89.

Gloger-Tippelt, Gabriele; Tippelt, Rudolf (1986). Kindheit und kindliche Entwicklung als soziale Konstruktionen. In: Bildung und Erziehung 39, S. 149-164.

Groebel, Jo (1994). Aufmerksamkeit und Informationsaufnahme beim Medienkonsum von Kindern. In: DJI (Hrsg.): Handbuch Medienerziehung von Kindern. Teil 1: Pädagogische Grundlagen. Opladen: Leske & Budrich, S. 203-209.

Heinzel, Friederike (1997). Qualitative Interviews mit Kindern. In: Friebertshäuser, Barbara; Prengel Annedore (Hrsg.): Handbuch qualitative Forschungsmethoden in der Erziehungswissenschaft. Weinheim: Juventa, S. 396-413.

Hengst, Heinz (1981). Tendenzen der Liquidierung von Kindheit. In: Hengst, Heinz; Köhler, Michael; Riedmüller, Barbara; Wambach, Manfred Max: Kindheit als Fiktion. Frankfurt am Main: Suhrkamp, S. 7-72.

Hengst, Heinz (1990). Szenenwechsel. Die Scripts der Medienindustrie in der Kinderkultur. In: Charlton, Michael; Bachmair, Ben: Medienkommunikation im Alltag. Interpretative Studien zum Medienhandeln von Kindern und Jugendlichen. München: Saur, S. 191-209.

Hengst, Heinz (1990a). Kein Asyl für E.T. Kinderkulturforschung in europäischer Perspektive. In: Medien Praktisch 4/90, S. 55-60.

Hengst, Heinz (1991). Medienkindheit heute. In: Aufenanger, Stefan (Hrsg.): Neue Medien – Neue Pädagogik? Ein Lese- und Arbeitsbuch zur Medienerziehung in Kindergarten und Grundschule. Bonn: Bundeszentrale für politische Bildung, S. 18-39.

Hengst, Heinz (1993). Kinderkultur – Kulturarbeit mit Kindern. In: Hengst, Heinz (Hrsg.): Von, für und mit Kids. Kinderkultur in europäischer Perspektive. München: KoPäd, S. 13-34.

Hengst, Heinz (1993a). Kinderkultur und ihre gesellschaftliche Organisierung. In: Neubauer, Georg; Sünker, Heinz (Hrsg.): Kindheitspolitik international. Problemfelder und Strategien. Opladen: Leske & Budrich, S. 90-104.

Hengst, Heinz (1994). Richtung Gegenwelt? Kinderkultur als gleichaltrigenorientierte Konsumkultur. In: DJI (Hrsg.): Handbuch Medienerziehung von Kindern. Teil 1: Pädagogische Grundlagen. Opladen: Leske & Budrich, S. 134-153.

Hengst, Heinz (1996). Kinder an die Macht! Der Rückzug des Marktes aus dem Erziehungsprojekt der Moderne. In: Zeiher, Helga (Hrsg.): Kinder als Außenseiter. Umbrüche in der gesellschaftlichen Wahrnehmung von Kindern und Kindheit. Weinheim: Juventa, S. 117-134.

Hengst, Heinz (1998). Medien im Kontext. Kinderkultur in einer adoleszenten Gesellschaft. In: Medien Praktisch 2/98, S. 4-9.

Hollstein, Birgit: (1995). Das Kinderfernsehen der privaten Anbieter. In: Erlinger, Hans Dieter; Eßer, Kerstin; Hollstein, Birgit; Klein, Bettina; Mattusch, Uwe (Hrsg.): Handbuch des Kinderfernsehens. Konstanz: Ölschläger, S. 159-176.

Honig, Michael-Sebastian (1999). Die generationale Ordnung. Entwurf zu einer Theorie der Kindheit. Ms.

Honig, Michael-Sebastian (1998). Forschung vom „Kinde aus"? Perspektivität in der Kindheitsforschung. Ms.

Honig, Michael-Sebastian (1996). Wem gehört das Kind? Kindheit als generationale Ordnung. In: Liebau, Eckart; Wulf, Christoph (Hrsg.): Generation. Versuche über eine pädagogisch-anthropologische Grundbedingung. Weinheim: Deutscher Studien Verlag, S. 201-221.

Honig, Michael-Sebastian (1996a) Normative Implikationen der Kindheitsforschung. In: Zeitschrift für Sozialisationsforschung und Erziehungssoziologie 16, S. 9-25.

Honig, Michael-Sebastian; Leu, Hans Rudolf; Nissen, Ursula (1996). Kindheit als Sozialisationsphase und als kulturelles Muster. Zur Strukturierung eines Forschungsfeldes. In: Honig, Michael-Sebastian; Leu, Hans Rudolf; Nissen Ursula (Hrsg.): Kinder und Kindheit. Soziokulturelle Muster – sozialisationstheoretische Perspektiven. Weinheim: Juventa, S. 9-29.

Hornstein, Walter (1994). Das schutzbedürftige Kind. Zur historischen Entwicklung des Kinderbildes und der Praxis des Kinderschutzes. In: DJI (Hrsg.): Handbuch Medienerziehung von Kindern. Teil 1: Pädagogische Grundlagen. Opladen: Leske & Budrich, S. 572-586.

Kagelmann, H. Jürgen (1994). Merchandising, multimediale Verwertung, Marketing, Synergie. Wie Medienfiguren vermarktet werden. In: DJI (Hrsg.): Handbuch Medienerziehung von Kindern. Teil 1: Pädagogische Grundlagen. Opladen: Leske & Budrich, S. 524-534 .

Kaltenborn, Karl-Franz (1998). Kindheitsbilder und Expertenwissen. Die Interessenvertretung von Kindern in den Reformdiskussionen um das elterliche Sorgerecht. In: Diskurs 1, S. 54-65.

Kießling, Bernd (1999): Wie Massenmedien Wirklichkeit machen. Aus: Universitas, jg. 54, H. 637, S. 638-650. http://lbs.bw.schule.de/omerz

Klein, Bettina (1994). Die Qual der Wahl. Eine Woche Kinderprogramm in öffentlichen und privaten Kanälen. In: DJI (Hrsg.): Handbuch Medienerziehung von Kindern. Teil 1: Pädagogische Grundlagen. Opladen: Leske & Budrich, S. 372-379.

Kommer, Sven (1996). Kinder im Werbenetz. Eine qualitative Studie zum Werbeangebot und zum Werbeverhalten von Kindern. Opladen: Leske & Budrich.

Krappmann, Lothar (1993). Kinderkultur als institutionalisierte Entwicklungsaufgabe. In: Markefka, Manfred; Nauck, Bernhard (Hrsg.): Handbuch der Kindheitsforschung. Neuwied: Luchterhand, S. 365-376.

Kruse, Ute; Tarnow, Stephan (1995) (Un)heimliches Kinderfernsehen. In: Erlinger, Hans Dieter; Eßer, Kerstin; Hollstein, Birgit; Klein, Bettina; Mattusch, Uwe (Hrsg.): Handbuch des Kinderfernsehens. Konstanz: Ölschläger, S. 417-435.

Kübler, Hans-Dieter (1994). Kommerzialisierte Kindheit. Streiflichter auf Kinder und Werbung. In: Medien und Erziehung 1, S. 7-13.

Kübler, Hans-Dieter (1994a). Vielfalt und Monotonie in der Spiel- und Medienwelt von Kindern. In: DJI (Hrsg.): Handbuch Medienerziehung von Kindern. Teil 1: Pädagogische Grundlagen. Opladen: Leske & Budrich, S. 427-443.

Lange, Andreas (1995). Kindheitsrhetorik und die Befunde der empirischen Forschung. Universität Konstanz. Sozialwissenschaftliche Fakultät. Forschungsschwerpunkt „Gesellschaft und Familie" Arbeitspapier Nr.19. Konstanz.

Lange, Andreas; Lüscher, Kurt (1998). Kinder und ihre Medienökologie. Eine Zwischenbilanz der Forschung unter besonderer Berücksichtigung des Leitmediums Fernsehen. München: KoPäd.

Lenzen, Dieter (1994). Das Kind. In: Lenzen, Dieter (Hrsg.): Erziehungswissenschaft. Ein Grundkurs. Reinbek: Rowohlt, S. 341-361.

Lüscher, Kurt (1975). Perspektiven einer Soziologie der Sozialisation – Die Entwicklung der Rolle des Kindes. In: Zeitschrift für Soziologie 4, S. 359-379.

Mattusch, Uwe (1994). Vermarktung im Kinderfernsehen – zwischen pädagogischen Skrupeln und ökonomischem Gewinnstreben. In: DJI (Hrsg.): Handbuch Medienerziehung von Kindern. Teil 1: Pädagogische Grundlagen. Opladen: Leske & Budrich, S. 540-550.

Mattusch, Uwe (1995). Von der Kinderstunde zum Cyberwar. Kindheitskonzepte in Kindermedienangeboten. In: Erlinger, Hans Dieter; Eßer, Kerstin; Hollstein, Birgit; Klein, Bettina; Mattusch, Uwe (Hrsg.): Handbuch des Kinderfernsehens. Konstanz: Ölschläger, S. 395-415.

Mayer, Anna Elisabeth (1998). Kinderwerbung – Werbekinder. Pädagogische Überlegungen zu Kindern als Zielgruppe und Stilmittel der Werbung. München: KoPäd.

Meister, Dorothee M.; Sander, Uwe (Hrsg.) (1997). Einleitung. In: Kinderalltag und Werbung. Zwischen Manipulation und Faszination. Neuwied: Luchterhand, S. 8-16.

Meixner, Jürgen (1994). Kinder, Konsum und Werbung. Erkenntnisse aus der Praxis der Marktforschung. In: DJI (Hrsg.): Handbuch Medienerziehung von Kindern. Teil 1: Pädagogische Grundlagen. Opladen: Leske & Budrich, S. 551-554.

Moscovici, Serge (1995). Geschichte und Aktualität sozialer Repräsentationen. In: Flick, Uwe (Hrsg.): Psychologie des Sozialen. Repräsentationen in Wissen und Sprache. Reinbek: Rowohlt Taschenbuch, S. 266-314.

Mouritsen, Flemming (1993). Kinderkultur – Kinderspielkultur. In: Hengst, Heinz (Hrsg.): Von, für und mit Kids. Kinderkultur in europäischer Perspektive. München: KoPäd, S. 53-78.

Müntefering, Gerd K. (1995). Das eigentliche Fernsehgeschäft ist der Jahrmarkt der Rechte. In: Erlinger, Hans Dieter; Eßer, Kerstin;

Hollstein, Birgit; Klein, Bettina; Mattusch, Uwe (Hrsg.): Handbuch des Kinderfernsehens. Konstanz: Ölschläger, S. 464-468.

Nauck, Bernhard; Joos Magdalena; Meyer, Wolfgang (1998). Kinder. In: Schäfers, Bernhard; Zapf, Wolfgang: Handwörterbuch zur Gesellschaft Deutschlands. Opladen: Leske & Budrich, S. 362-371.

Neumann-Braun, Klaus; Erichsen, Jens R. (1995). Kommerzialisierte und mediatisierte Kindheit – eine aktuelle Bestandsaufnahme. In: Charlton, Michael u.a. (Hrsg.): Fernsehwerbung und Kinder. Das Werbeangebot in der Bundesrepublik Deutschland und seine Verarbeitung durch Kinder. Band 1: Das Werbeangebot für Kinder im Fernsehen. Opladen: Leske & Budrich, S. 23-41.

Oberst, Walter (1997). Der Kinderkanal von ARD und ZDF in der Disskusion. Dokumentation der Auseinandersetzung um ein neues öffentlich-rechtliches Programmangebot. In: Media Perspektiven 1, S. 23-30.

Paus-Haase, Ingrid (1998). Heldenbilder im Fernsehen. Eine Untersuchung zur Symbolik von Serienfavoriten. Opladen: Westdeutscher Verlag.

Postman, Neil (1987). Das Verschwinden der Kindheit. Frankfurt: Fischer Taschenbuch.

Programmkommission des ARD/ZDF-Kinderkanals (1997). Der Kinderkanal – Ziele und Programmphilosophie. In: Media Perspektiven 1, S.17-22.

Prout, Alan; James, Allison (1990). A new paradigm for the Sociology of Childhood? Provenance, Promise and Problems. In: James, Allison; Prout, Alan. Constructing and reconstructing Childhood. Contemporary Issues in the Sociological Study of Childhood. London: Falmer. S. 7- 36.

Rogge, Jan-Uwe (1985). „Donald Duck" und „Pumuckl" allüberall – Medienmärkte und Massenkultur für Kinder und Jugendliche. In: Sozialwissenschaftliche Information für Unterricht und Studium 14, H.1, S. 34-42.

Rogge, Jan-Uwe (1990). Kinder können Fernsehen. Vom sinnvollen Umgang mit dem Medium. Reinbek: Rowohlt Taschenbuch.

Rönnberg, Margareta (1993). Fernsehen als Spielen. In: Hengst, Heinz (Hrsg.): Von, für und mit Kids. Kinderkultur in europäischer Perspektive. München: KoPäd, S. 35-52.

Schäfer, Gerd E. (1997). Aus der Perspektive des Kindes? Von der Kindheitsforschung zur ethnographischen Kinderforschung. In: Neue Sammlung 37/3, S. 377-394.

Schorb, Bernd (1996). Zeichentrick, das Angebot des Fernsehens für Kinder. Stand der Forschung und die Untersuchung: Kinder und Cartoons. In: Theunert, Helga; Schorb, Bernd (Hrsg.): Begleiter der Kindheit. Zeichentrick und die Rezeption durch Kinder. München: Bayrische Landeszentrale für neue Medien, S. 9-27.

Theunert, Helga; Lenssen, Margit; Schorb, Bernd (1995) „Wir gucken besser fern als ihr!" Fernsehen für Kinder. München: KoPäd.

Theunert, Helga; Schorb, Bernd (Hrsg.) (1996). Begleiter der Kindheit. Zeichentrick und die Rezeption durch Kinder. München: Bayrische Landeszentrale für neue Medien.

Weiss, Florence (1995). Kinder erhalten das Wort. Aussagen von Kindern in der Ethnologie. In: Renner, Erich (Hrsg.): Kinderwelten. Pädagogische, ethnologische und literaturwissenschaftliche Annäherungen. Weinheim: Deutscher Studien Verlag, S. 133-147.

Wilk, Liselotte (1994). Kindsein in „postmodernen" Gesellschaften. In: Wilk, Liselotte; Bacher, Johann (Hrsg.): Kindliche Lebenswelten.

Eine sozialwissenschaftliche Annäherung. Opladen: Leske & Budrich, S. 1-32.

Wilk, Liselotte (1996). Die Studie „Kindsein in Österreich". Kinder und ihre Lebenswelten als Gegenstand empirischer Sozialforschung – Chancen und Grenzen einer Surveyerhebung. In: Honig, Michael-Sebastian; Leu, Hans Rudolf; Nissen Ursula (Hrsg.): Kinder und Kindheit. Soziokulturelle Muster – sozialisationstheoretische Perspektiven. Weinheim und München: Juventa, S. 55-76.

Zinnecker, Jürgen (1988). Zukunft des Aufwachsens. In: Hesse, Joachim Jens; Rolff, Hans-Gunther; Zöpel, Christoph (Hrsg.): Zukunftswissen und Bildungsperspektiven. Baden-Baden: Nomos Verlagsgesellschaft, S. 119-139.

Zinnecker, Jürgen (1995). The Cultural Modernisation of Childhood. In: Chrisholm, Lynne; Büchner, Peter; Krüger, Heinz-Hermann; Du Bois-Reymond, Manuela (Hrsg.): Growing up in Europe. Contemporary Horizons in Childhood and Youth Studies. Berlin: Walter de Gruyter, S. 85-94.

Zinnecker, Jürgen (1996). Kinder im Übergang. Ein wissenschaftlicher Essay. In: Aus Politik und Zeitgeschichte. B 11, S. 3-10.

Die Autorin

Daniela Bickler, Jg. 1973, Dipl.-Päd., ist wissenschaftliche Mitarbeiterin am Institut für Allgemeine Didaktik der Universität Koblenz-Landau.

Ihre Arbeitsschwerpunkte sind Kindheitsforschung, Medienpädagogik, soziale Netzwerkforschung und Schulpädagogik.

www.ingramcontent.com/pod-product-compliance
Lightning Source LLC
Chambersburg PA
CBHW020127010526
44115CB00008B/1005